LAS SOMBRAS DEL TRADER

LAURA EVELIA

LIBROS DE LAURA EVELIA

Mi mejor enemiga

El éxito lo diseñas tú

Y tú, ¿Qué vas a hacer cuando vivas?

Maravillosamente Rebelde

Cuando no hay opción…

Armadura Mental

Las Sombras del Trader

LAS SOMBRAS DEL TRADER

Guía mental para navegar el caos del trading

Las sombras del trader
Guía mental para navegar el caos del trading

The library of Congress Cataloging-in-Publication Data
1-15019061000 / Laura Evelia
Las sombras del trader/ Laura Evelia

ISBN 978-0-9985777-8-4

Para Edgar Cruz

Quien ha hecho este sueño realidad

CONTENIDO

Introducción

Tenía alrededor de 20 años cuando escuché por primera vez sobre la bolsa de valores. No entendía mucho sobre cómo funcionaba, solo sabía que se podía ganar dinero. Aun estando en la universidad, contacté a un asesor financiero que me explicó sobre el S&P500 y Mutual Funds. Entendí solo un 10% de lo que me dijo y que había que invertir una cantidad mínima. En ese momento no era una opción para mí, ya que estaba pagando mi universidad.

Aun así, la idea de invertir en la bolsa de valores no desapareció. Tiempo después, en una clase de mercadotecnia, note que un compañero frente a mi estaba haciendo trading. Observaba cómo cambiaba de gráficas, y al salir, le pregunté. Efectivamente, tenía una cuenta con un bróker y estaba siguiendo sus inversiones. Una vez más, me recordó mi deseo de aprender trading.

Es interesante como la vida nos guía hacia ciertos caminos y nos pone frente a personas que, de una u otra manera, nos recuerdan nuestros deseos ya olvidados. Pero es esencial entender esto: desear algo no es lo mismo que hacer todo lo posible para lograrlo.

La idea de invertir me atraía: veía las posibilidades de ganancia y soñaba con lo que podría lograr. Pero no me imaginaba todo lo que había detrás del trading.

Desafortunadamente, la mercadotecnia vende la ilusión de que el trading es fácil, que se crea riqueza de la noche a la mañana y sin esfuerzo alguno. Esto crea expectativas irreales y deja, muchas veces, estragos tanto económicos como emocionales en quienes caen en esa trampa y no se dan el tiempo de investigar.

La realidad del trading es muy diferente. Al inicio, es desafiante incluso para quienes tienen experiencia financiera. El lenguaje especializado, las estrategias diversas, herramientas complejas y la información instantánea y, a veces, distorsionada pueden ser abrumadoras.

A esto se suman las emociones: la alegría de ganar, la frustración de perder, la duda constante y el desajuste emocional que surge al tratar de comprender lo que ocurre dentro de ti.

En este libro no hablaremos de la parte técnica del trading; eso lo dejare en manos de Edgar Cruz, trader con más de 15 años de experiencia y experto en explicar estrategias en vivo en Primero Trader. Nosotros nos centraremos en esa parte escondida que despierta en ti cuando haces trading. Esas sombras que todo ser humano tiene y que se revelan a través de patrones de comportamiento, juicios, opiniones y creencias, provocando desafíos psicológicos, emocionales y mentales.

Y es que el trading no solo consiste en aprender una habilidad, es una reconstrucción de ti mismo y un enfrentamiento con tus propias sombras.

Algunas de estas sombras no son tan agradables y se intensifican cuando entras al mundo del trading: la avaricia, el autosabotaje, el miedo, el ego, la culpa, la comparación o la duda. Si no te preparas, estudias y prácticas continuamente, pueden desestabilizarte.

El objetivo no es rechazarlas, evitarlas o eliminarlas. Es reconocer que existen y darles la bienvenida.

Cada vez que aparezcan mientras navegas el mundo del trading, tendrás una gran oportunidad, qué es la de reconocerte a ti mismo y decidir cómo actuar.

Estas sombras aparecerán dependiendo de la etapa que estés en tu proceso y puede ser *antes*, *durante o después* de obtener resultados en el trading. No siguen un orden especial, pero cuando surgen, pueden hacerte dudar o retrasar tu camino. La pregunta es, ¿cómo reaccionarás y te prepararás para enfrentarlas?

Ten la certeza de que todos los traders, desde principiantes como avanzados, experimentan estas sombras en algún momento. Algunas con más intensidad y duración que otras. El secreto está en reconocerlas y decidir si las alimentas o trabajas con ellas.

En este libro compartiré lo que he vivido en mi propio trading y lo que he observado en asesorías y terapias con otros traders. He sido testigo de la influencia de estas sombras y como aquellos que deciden reconocerlas y alinearlas con sus objetivos avanzan con mayor claridad y fortaleza. Además de compartir mis reflexiones de cada mes al final de este libro.

Llegar a ser trader profesional y rentable es un camino largo y desafiante. Requiere que hagas cosas que no estás acostumbrado, que pienses de manera distinta y desarrolles una nueva forma de aprendizaje. No hay gurús ni academias que hagan el trabajo por ti. Es un proceso individual, interno y profundo. Quizá, sea una de las razones por las que pocos logran tener éxito o vivir de las ganancias del trading.

Muchos no superan alguna etapa o sombra y abandonan el camino. Si tu objetivo es aprender y vivir del trading, no renuncies a él, prepárate y evoluciona.

Si has decidido comenzar este camino, ha llegado el momento de darle la bienvenida a tus sombras y recorrer junto a ellas el camino que el trading tiene preparado para ti.

¡Comenzamos!

SOMBRA 1

La ilusión

CAPÍTULO 1

"La esperanza es el sueño del hombre despierto."

- Aristóteles -

"PUEDES GANAR DINERO FÁCIL Y RÁPIDO" ¿Quién no voltea a ver un mensaje como ese? Esas dos palabras, "fácil y rápido", son como música para nuestros oídos y un anzuelo que cautiva la mente. Ahí radica el poder de la propaganda que rodea el trading, lo sabe y lo explota sin piedad. Esa promesa de lo inmediato, de lo simple, de lo mágico es uno de los motivos por lo que tanta gente voltea a ver el trading como una opción.

Todos al comenzar, compartimos esa ilusión. El querer ganar dinero, cumplir sueños, metas, tener tiempo o aliviar situaciones desafiantes en que nos encontramos. Ese anhelo es lo que nos anima a aventurarnos a un mundo extraño, convencidos de que podemos ser parte de ese pequeño porcentaje que logra resultados en el trading.

Desafortunadamente, en el camino se van quedando tantos que no entendieron que hay un recorrido inevitable: etapas que deben vivirse, sombras que se tienen que enfrentar, reglas del juego que se tienen que entender y sobre todo estar preparado cuando estas reglas cambian inesperadamente. ¡Veamos!

¿QUÉ SABES?

¿Qué es realmente el trading? En pocas palabras, es la actividad de comprar y vender activos financieros, como acciones, divisas, criptomonedas, materias primas, bonos u otros instrumentos a corto, mediano o largo plazo.

¿El objetivo?, obtener ganancias por las fluctuaciones de su precio en el mercado. A simple vista, suena algo sencillo. O lo que típicamente se dice: "compra barato, vende caro", pero es más que eso. Detrás de esa frase se esconde una travesía exigente, un aprendizaje largo y desafiante.

Lo mismo ocurre en cualquier carrera universitaria. No importa el enfoque o área de estudio, se desarrolla un plan y se comienza desde lo más básico. Si se quiere ser abogado no se manda al estudiante al tribunal a presentarse ante un juez en su primer día. Se le prepara para entender el sistema judicial primero. Un aspirante a médico no entra al quirófano de inmediato. Hay un estudio previo de anatomía, fisiología, genética, patología o biología básica. Todo tiene un proceso de aprendizaje y preparación. Y en este libro, se va a recalcar continuamente, el proceso es ineludible.

El trading no es la excepción, hay una preparación continua de aprendizaje y hay que atravesar etapas antes de lograr resultados constantes y duraderos. Para algunos esa trayectoria es rápida, para otros es lenta o dolorosa. Varios simplemente, nunca la empiezan o renuncian demasiado pronto.

Ahora, no vamos a generalizar porque cada historia es distinta y las circunstancias pueden variar con cada persona. La forma como se experimente ese proceso depende de muchos factores como la personalidad, historia de vida, interpretación de eventos, hábitos, gestión de emociones, lecciones aprendidas, perseverancia, capacidad financiera, disciplina y mucho más. No hay un camino correcto o una forma única de llevar esta travesía.

El gran error, al comenzar en el trading, es dejarse seducir rápidamente por lo que se proyecta como el resultado: los coches de lujo, mansiones, relojes brillantes, viajes exóticos, la vida exorbitante, tiempo libre, seguridad financiera, renunciar al empleo actual, tener control de nuestro tiempo. La mercadotecnia promueve y sabe vender muy bien esos deseos, haciendo el mundo del trading cada vez más apetecible.

Si bien es cierto que con práctica y experiencia es posible alcanzarlo, no significa que no hay una evolución de por medio que se tiene que desarrollar para lograrlo. Hay que pagar el precio del aprendizaje.

El ilusionarse y crear un mundo de fantasía bajo este espejismo es lo que mantiene a la mayoría, sin darse cuenta, desconectados de la realidad y de todo lo que hay detrás de los resultados en el trading.

El desafío de la ilusión es que nos ciega y nos hace cometer errores de principiante y más si deseamos la recompensa inmediata sin esfuerzo. Por eso la primera pregunta que deberías hacerte es:

¿Qué me ilusiona realmente del trading? ¿el dinero? ¿el estatus? ¿el tiempo libre? ¿la libertad? ¿el aprendizaje? ¿la independencia? ¿el control? ¿el reto?

En el momento que tengas claro qué te ilusiona del trading antes de tomar una decisión concreta, estás más cerca de entender y estar consciente del precio que tienes que pagar.

Lamentablemente, las redes sociales y la mercadotécnica distorsionan la realidad, proyectan escenarios perfectos, crean expectativas inalcanzables y cambian la percepción de la realidad del trading.

Luego esa gran esperanza se comienza a desvanecer al darnos cuenta de que no se trata solo de apretar un botón y hacerse rico de la noche a la mañana, sino que el trading exige tiempo, preparación, disciplina, autorregulación, reflexión, consciencia y práctica.

MI ILUSIÓN

Como lo mencioné en la introducción de este libro, tenía alrededor de veinte años cuando escuché por primera vez sobre la bolsa de valores. Me ilusionaba la idea, pero no hice nada. Recuerdo varias veces estar frente a mi computadora, viendo gráficos que no entendía. Mi corazón me decía "hazlo", pero mi mente encontraba mil excusas para no tomar acción. Años después conocí a mi esposo, Edgar Cruz, quien ya había experimentado el trading a nivel profesional, y de nuevo tuve la oportunidad de acercarme al tema.

Sin embargo, en esa etapa de mi vida, trabajaba, estudiaba mi primera maestría y escribía mi primer libro. Una parte de mi quería hacerlo; otra encontraba excusas. Y una vez mas no tome acción.

Claro que me ilusionaba ganar más dinero de lo que hacía en mi empleo, tener tiempo para estudiar y escribir, o no preocuparme de las colegiaturas de mi maestría. Pero entendía que aprender algo nuevo, requiere tiempo, esfuerzo, disciplina y sacrificio. Así que ponía excusas, me decía que mi enfoque estaba en algo más, pero en el fondo tenía *miedo.*

Miedo de salir de mi zona de comodidad y dejar lo que ya conocía.

Ese *miedo* es otra sombra de la que hablaremos en este libro y a la que se enfrentan todos los traders, tanto principiantes como avanzados.

Todos tenemos ilusión, pero la ilusión por sí sola, puede ser tan fascinante como engañosa. Te hace soñar, pero también puede llegar a ser una trampa mental adictiva que te paraliza.

A veces se convierte en un escape mental que sustituye a la acción. Si el trading te ilusiona, investiga lo que se requiere para lograr resultados constantes y los desafíos que puedes encontrar en tu camino. No solo sueñes con el resultado, prepárate para obtenerlo.

Por eso la segunda pregunta que es importante hacerte es:

¿Tengo tiempo y disposición para dedicarme al trading? ¿Puedo aprenderlo a pesar de mis compromisos actuales? Y si no, ¿Cómo puedo reorganizar mi vida para realizarlo?

El trading va a exigir mucho de ti. Va a exigir tiempo, atención, enfoque y una transformación profunda en tu forma de pensar, sentir y actuar. Pero, sobre todo, te va a enfrentar con tus miedos. Y entre más pronto los aceptes y les des la bienvenida, mayores serán tus posibilidades de obtener resultados reales y duraderos en el trading.

Al final, la ilusión es solo el inicio. Lo que define tus resultados como trader es tu capacidad de pasar de la ilusión… a la *acción*.

¿ESTAS LISTO?

Paso I: Tomate un tiempo para identificar qué es lo que te ilusiona del trading. ¿Tienes tiempo o recursos para llevarlo a cabo? ¿Te ilusiona el trading o el resultado? ¿Por qué quieres aprender y ser un trader profesional?

Paso II: Identifica qué actividades realizas diariamente y cuáles son prioridad para seguir con tu estilo de vida. Si quieres aprender trading, ¿qué actividades o nuevos hábitos tienes que desarrollar?

Paso III: Pon a prueba tu ilusión. Si te ilusiona aprender trading, por una semana agenda 1 hora como mínimo para aprender sobre este mundo. Investiga, ve videos, lee libros, busca información relevante y real que te muestre todo lo que necesitas para llegar a ser un trader rentable y constante. Después aumenta a 2 horas y así sucesivamente. En www.primerotrader.com contamos con información para profesionalizarte en el fascinante mundo del trading. Te esperamos.

La ilusión se activa con la acción

SOMBRA 2

Expectativas

CAPÍTULO 2

"No rebaje sus expectativas para alcanzar su nivel de rendimiento. Eleva tu nivel de rendimiento para cumplir tus expectativas"

\- Ralph Marston -

NADA MATA MÁS RÁPIDO A UN TRADER QUE SUS PROPIAS EXPECTATIVAS. No el mercado, no las pérdidas, no los demás, sino sus falsas proyecciones.

En el trading se presentarán situaciones imposibles de predecir. Existen demasiados factores fuera de tu control, por ejemplo, escenarios geopolíticos inestables, noticias inesperadas, decisiones gubernamentales o, simplemente, las acciones y decisiones de millones de traders alrededor del mundo que afectan el mercado.

Por eso, es fundamental no crear expectativas falsas ni aferrarte o identificarte con ellas. De lo contrario, prepárate para la decepción. Las expectativas, al ser proyecciones mentales de lo que creemos que debería pasar o de lo que nos gustaría que suceda, se convierten en sombras cuando no se cumplen.

Si tu expectativa en el trading es hacerte millonario de la noche a la mañana, la realidad pronto te aplasta. Y cuando eso no ocurre, no solo sientes frustración, sino una angustia interna, desilusión y tarde o temprano renuncias.

EL PESO DE LAS EXPECTATIVAS

Algunas expectativas ya están programadas en tu mente desde tus creencias, deseos o experiencias previas. Se busca en ellas sentir seguridad y control en un mundo donde no hay certezas. Desafortunadamente, en un mundo tan incierto y volátil como lo es el trading, lo último que tendrás será control o seguridad.

Si en cambio tu expectativa es que en uno a dos años vas a tener mayor claridad, comprensión del trading y quizá algunos resultados consistentes, tu visión de todo lo que puedes lograr se expande. Ya no estás encadenado a la rigidez de tus expectativas o de una ilusión inmediata, sino estas abierto a lo que el trading realmente puede ofrecerte.

Cuando comencé mi trayectoria en el trading, llegué a creer que estaba preparada porque tenía una idea de lo que experimentaban los traders al escucharlos en las sesiones de terapia o por lo que presencié en el proceso de Edgar Cruz. Sin embargo, son dos mundos diferentes, cuando escuchas lo que sucede y cuando lo experimentas tú mismo.

Mis expectativas eran irreales. Pensaba que las pérdidas no me afectarían, que el cerrar posiciones sería sencillo y que tendría la fuerza de voluntad para decidir cuándo dejar de operar. Me equivoque. *El mercado tiene una forma peculiar de darte pequeños regalos de humildad.*

La autoexigencia de cumplir mis expectativas me generaba ansiedad y me llevo a cometer errores una y otra vez. Si mi meta era $100 dólares y tenía $90, entraba a otra posición solo para "cumplir" mi expectativa. Muchas veces caí en el FOMO, arriesgando más de lo debido, quedando atrapada por días en un trade o perdiendo incluso lo que ya había ganado.

Mis expectativas estaban distorsionando no solo mi proceso de aprendizaje, sino que, al no cumplirse, me hacían dudar de mi capacidad al no obtener resultados rápido o los que me imaginaba que tendría.

FRUSTRACIÓN

El neurocientífico británico, Karl Friston, sostiene que el cerebro compara constantemente nuestras expectativas o lo que esperamos que suceda con la realidad. Cuando esa brecha se vuelve demasiado grande o no se cumplen, aparece la frustración. Y eso es exactamente lo que viven la mayoría de los traders al iniciar, frustración, decepción e ira.

Cada vez que una expectativa de ganar se cumple o anticipas que se cumplirá, la dopamina, la hormona de la recompensa, refuerza tu creencia de que siempre ocurrirá lo mismo. Sin embargo, cuando el mercado cambia la jugada, la caída es doble, no solo pierdes dinero, pero pierdes confianza y te desilusionas.

Por eso, la sombra de las expectativas es tan peligrosa. Cuando te aferras o te identificas con ellas, al no cumplirse, sufres, dudas de ti mismo y frenas tu progreso, perdiendo tiempo, dinero y estabilidad emocional y mental en el trading.

EXPECTATIVAS INCONSCIENTES

Muchas veces no somos conscientes de las expectativas que nos gobiernan. Entramos al trading con el deseo de resultados rápidos, pero olvidamos que estamos aprendiendo una habilidad nueva, compleja y demandante. El querer tener resultados rápidos y sin esfuerzo, puede ser riesgoso.

No te exijas a ti mismo algo que el tiempo te va a dar. El mercado es cambiante y te va a desafiar en todos los sentidos, va a sacarte de tu zona de comodidad y exigirte compromiso. Y en dado caso que te llegue a dar resultados favorables, no te confíes porque te puede cambiar la jugada en cualquier momento. Lo que te funciona hoy, quizá, no funcione mañana.

Así que el desear, buscar o esperar esa recompensa inmediata puede destruir tu confianza en segundos. La expectativa de la gratificación inmediata lleva a la impaciencia, la impaciencia a los errores, y los errores a pérdidas que pueden quemar cuentas completas.

¿Significa eso que no debemos tener expectativas altas? Claro que no. Las expectativas son una gran fuente de inspiración, nos motivan a planear y a superarnos. Cuando hay un deseo sincero de alcanzar y superar nuestras propias expectativas, el rendimiento personal mejora y nuestra vida se transforma.

El reto está en reconocer cuales de esas expectativas son realistas y cuales distorsiona tu visión de la realidad que no te permiten adaptarte y seguir mejorando. Recuerda que de la misma forma que pueden ser creadas por ti, también pueden ser modificadas.

Conforme vas aprendiendo cómo funciona el mercado, la volatilidad, los patrones y todo lo que influye en las alzas o bajas de un movimiento, las expectativas de lo que se puede lograr se va ajustando.

El aprendizaje continuo, el análisis disciplinado y tu experiencia te permiten comprender lo que pasa alrededor, consideras más situaciones y probabilidades y decides acorde a lo que observas. El problema es cuando te aferras a las expectativas creadas por ti más de lo que observas la realidad.

Tal es el caso cuando mantienes una posición abierta aun sabiendo que deberías cerrarla, solo porque no quieres *perder, esperas* que cambie a tu favor el precio o quieres *tener la razón*. Comienzas a fantasear y desear que la acción suba, como si se tuviera ese poder, en lugar de minimizar la pérdida, modificar la acción y seguir adelante.

Entonces, ¿se puede tener la expectativa de ganar más dinero en el trading? Claro que sí, pero eso es una consecuencia de la experiencia y aprendizaje que vas adquiriendo con los años. No esperes vivir del trading en tu primer mes o ganar lo que alguien con más años de experiencia gana. Estas expectativas nublan tu realidad y aumentan la rigidez mental.

Deja que el mercado te sorprenda. El mantener expectativas poco realistas solo por un deseo interno a que algo suceda, aumenta la obsesión por tener la razón, se pierde la claridad mental y la posibilidad de observar otras oportunidades se desvanece.

MODIFICA

Como psicóloga entiendo que, al entrar a un ambiente totalmente diferente al que estás acostumbrado, se crean expectativas erróneas por la incertidumbre y por no tener toda la información necesaria. El creer que algo positivo puede suceder causa alegría y comienzan las especulaciones. Pero el esperar un resultado rápido a una nueva habilidad como es el trading, es poco coherente.

La adaptación toma tiempo. Algunos les toma meses e incluso años el sentirte cómodos, seguros y eficaces en el trading. Así que aprende a observarte en esos momentos de frustración cuando tus expectativas no se cumplen. Si esperas que una operación termine en ganancia y terminó en pérdida y te sientes frustrado, identifica si tenías expectativas muy altas o simplemente no hubo un análisis previo de la acción. Tu reacción al no tener lo que quieres y cómo lo quieres, es una alerta, escúchala, puede ahorrarte tiempo y dinero.

Una técnica simple y poderosa para no quedar atrapado en la sombra de las expectativas es añadir la palabra: "todavía" a tus pensamientos. Si llegas a decir: "no entiendo esto", agrégale "todavía". Es decir, no entiendes todavía.

- "No gano lo que quiero en el trading… todavía"
- "Mi estrategia no es sólida… todavía"
- "No puedo con esto… todavía"
- "No tengo ganancias… todavía"
- "No me dedico al trading 100%... todavía"

Ese "todavía" abre una ventana mental. Te recuerda que el proceso de aprendizaje requiere tiempo, paciencia y adaptación. El cerebro es una herramienta increíble, pero necesitamos programarlo continuamente para que funcione a nuestro favor cuando hay desafíos, cuando algo te frustra o las expectativas no se cumplen. Requiere tiempo, pero los resultados te sorprenderán.

El llevar tu diario de trading y mantener un récord de cómo te sientes en cada operación es otra herramienta invaluable. Te ayuda a detectar cuando tus expectativas fueron poco realistas y a corregirlas. Recuerda que el objetivo no es tener operaciones perfectas, sino aprender y mejorar tu ejecución continuamente.

Como dice Edgar Cruz en sus sesiones de trading en vivo: *"No te enfoques en el dinero cuando operas, enfócate en la operación. Si tu operación estuvo bien ejecutada, celebra. La ganancia llega como consecuencia"*.

Recuerda que el mercado de valores es un mundo de probabilidades, no de certezas. Sobre todo, acepta la incertidumbre como parte natural del proceso. A veces tus expectativas se van a cumplir, otras veces no. Lo único seguro es que te pondrá a prueba, te sacará de tu zona de confort y te exigirá paciencia, disciplina y resiliencia.

El mercado no te debe nada. No negocia con tus expectativas ni con tus ilusiones. No le importa tu ansiedad ni tus deseos. Esta ahí, impasible y puede cambiarte la jugada en cualquier momento.

La clave no está en matar tus expectativas, sino en transformarlas en disciplina, paciencia y visión a largo plazo. En el trading no sobrevive el que gana rápido, sino el que aprende a ser flexible.

Por eso, nunca midas tu valor como trader por lo que esperas conseguir. Mídelo por lo que eres capaz de hacer cuando tus expectativas se derrumban. Ahí es donde se define quien sigue en el camino y quien se rinde.

RECUERDA

Establecer objetivos basados en tu progreso y no en el resultado. Por ejemplo, ¿entras en una posición sin esperar una confirmación? ¿Operas solo por no quedarte afuera? ¿te sales de una operación por miedo a perder? ¿sobre óperas solo para sentir la satisfacción instantánea? ¿Cuáles son tus expectativas?

Cuando algo no sale como quieres o al momento que quieres, ¿cómo reaccionas? ¿Te enojas? ¿Te da ansiedad? ¿Te frustras? ¿Renuncias? Identifica tus reacciones cuando tus expectativas no se cumplen, te dan mucha información. Haz una pausa y reflexiona.

Practicar tus operaciones en el simulador de Primero Trader en tiempos más altos y espera confirmaciones seguras. Identifica cuantas operaciones haces por día y si las haces por FOMO, miedo, ansiedad o por sentir que estás haciendo algo.

Las expectativas no cumplidas, nublan la realidad

SOMBRA 3

El inseparable miedo

CAPÍTULO 3

"El miedo es una emoción útil,

sí es entendido correctamente"

\- Blaise Pascal -

LOS SERES HUMANOS ESTAMOS LLENOS DE MIEDOS. Miedo a morir, a hablar en público, a las alturas, a ciertos animales, a las enfermedades, a perder el control, el juicio, a la soledad, al rechazo, a la incertidumbre, el abandono, al compromiso, al fracaso... la lista es interminable.

En cada uno de mis librȯs he tocado este tema, porque el miedo ha estado, está y estará en nuestras vidas en diferentes situaciones e intensidades. Y el trading no es la excepción. No importa cuánto intentes dominarlo, eliminarlo o ignorarlo, no desaparece.

Es fiel y te acompaña en todo momento. Todos los traders lo sienten, principiantes más que los experimentados. Miedo a perder, a no ser rentables, a equivocarse, a fracasar, a ser rechazados, a no cumplir tus metas.

El miedo se manifiesta de tres formas:

- **Cognitiva**, a través de pensamientos y diálogos internos.
- **Fisiológica**, en reacciones del cuerpo como sudoración, respiración acelerada o temblores.
- **Conductual**, en acciones que nos llevan a huir o paralizarnos.

La función del miedo es mantenernos vivos. Puede ser real o irracional. Si no identificas que tipo de miedo es el que te detiene en el trading, cometerás muchos errores y dejarás pasar oportunidades.

El miedo real es el mecanismo natural de defensa que produce tu cuerpo y te alerta de un peligro verdadero. Ese miedo hay que escucharlo en todo momento porque puede salvarte la vida.

El miedo irracional, en cambio, nace de la imaginación. Es la anticipación de un desastre que probablemente nunca ocurra, pero en tu mente se siente real.

En el mundo del trading el miedo irracional es el que más abunda. Aunque tu vida no esté en peligro, lo experimentas como si lo estuviera. No importa en qué nivel te encuentres o qué tan preparado creas estar, el miedo llega, consciente o inconscientemente. El reto no es eliminarlo, sino aprender a identificarlo, transformarlo y guiarlo.

NO MAS SEGURIDAD

Uno de los primero miedos a los que enfrentas en el trading es el de perder tu seguridad. Si tienes un empleo estable y un sueldo seguro, inevitablemente surgirán dudas y temores de abandonar lo que ya tienes. Dudarás si estás haciendo lo correcto.

Yo lo viví. Tenía un trabajo estable, escribía mis libros y estudiaba mi tercera maestría y aun así me aterraba soltar es identidad para empezar de cero en el trading. ¿Sabía que tendría éxito? Claro que no. Y esa incertidumbre me daba más temor.

El trading, como la vida, no garantiza nada. Así como te puede ir espectacular al inicio, como pueden pasar años sin resultados. De hecho, muchos se presionan tanto por conseguir resultados rápido, porque dejaron su empleo o quieren dejarlo, que abren su cuenta en dinero real sin haber tenido antes un proceso de aprendizaje. ¿El resultado? Cuentas quemadas, deudas, frustraciones y una decepción total del trading.

Si además tu entorno, pareja, amigos, familia, insiste en señalar lo mal que te puede ir, ese miedo se multiplica. Tu mente te inunda de escenarios catastróficos o diálogos internos que te hacen dudar de tu decisión. Solo recuerda que el miedo irracional aparece cada vez que enfrentas algo nuevo o incómodo. No lo reprimas ni lo minimices; eso solo lo fortalece.

Si logras ser consciente de él, el miedo puede convertirse en un gran maestro. La decisión es tuya, ¿lo utilizas a tu favor o dejas que él te utilice a ti?

IDENTIFICA

La sombra del miedo es el desafío que tienes que enfrentar cuando aprendes trading. Es el precio para alcanzar la experiencia, la destreza y la evolución como trader. No se controla. Se guía, se siente, se aprende a vivir con él y a pesar de él, se toma acción.

De hecho, será una de las emociones que más vas a sentir cuando estés haciendo trading. No hay forma de evitarlo, pero sí de disminuirlo. Identifica tus miedos y trabaja en ellos. ¡Veamos!

Haz un ejercicio mental, imagina que dejas tu trabajo para dedicarte al trading y las cosas no salen como las esperas. Ahora responde con honestidad:

- ¿Qué es lo peor que puede pasar?
- ¿Y si pierdo todo el dinero?
- ¿Qué puedo hacer si quemo mi cuenta?
- ¿Cómo me recuperaría?
- ¿Tengo un plan B?
- ¿Puedo conseguir otro empleo?

- ¿Estoy preparado financieramente?
- ¿Funciona mi estrategia?
- ¿Cómo puedo aprender mejor?

Cuando te adelantas a los escenarios, imaginas todas las posibilidades antes de vivirlas y planteas respuestas, el miedo irracional pierde fuerza. Te estas preparando con una estrategia mental e ideas para solucionar cualquier situación que se te presente. Lo has previsto y tienes alternativas.

Cuando identificas los pensamientos catastróficos que alimentan e intensifican tu miedo y los cuestionas, el miedo comienza a disminuir porque ya no es algo extraño para ti. No llegó de repente y te tomó por sorpresa.

Recuerda que la forma como se procesa la información de lo que te está sucediendo, aumenta o disminuye tu miedo.

Es cierto que habrá momentos en los que el miedo tome la delantera cuando estás haciendo trading y más si estás dentro de una operación donde estés perdiendo capital. Cada trader ha sentido eso, solo no dejes que la historia que te cuentas o tu imaginación tenga más peso de lo que en realidad está sucediendo. *Si la imaginación alimenta tu miedo, que también sea tu imaginación la que lo reduzca.*

Como principiante te va a dar temor de perder tu dinero, de cambiar tus rutinas, al rechazo de tus conocidos, al fracaso de tus inversiones, aun así, no te detengas. Sólo aquellos que reconocen sus miedos y a pesar de ellos lo vuelven a intentar, tienen los resultados.

El miedo es un ladrón silencioso: te roba sueños, energía y tiempo. Cada vez que dudas de ti, crece. Cada vez que imaginas catástrofes, se fortalece. Cada vez que no actúas, él se convierte en tu dueño. No lo permitas.

ACTÚA

El miedo solo se vence enfrentándolo. Todos los seres humanos desarrollamos ciertos patrones de comportamiento cuando tenemos miedo. Tú tienes una forma en particular de enfrentar tu propio miedo, solo falta que la identifiques. Así que pregúntate a ti mismo:

- ¿Qué hago cuando tengo miedo?

- ¿Me paralizo?
- ¿Me lleno de ansiedad?
- ¿Huyo?
- ¿No puedo respirar?
- ¿Me dan ganas de llorar?
- ¿Me bloqueo?

Tus patrones de miedo se reflejarán en el trading. Si cuando tienes miedo, sueles paralizarte, lo harás también en frente de una vela en caída. Si te imaginas los peores escenarios una vez que tomas una decisión, te saldrás antes de que se cumpla tu estrategia o no vas a entrar hasta que te sientas seguro, perdiendo oportunidades.

Uno de los miedos más comunes que vas a experimentar como trader es perder lo que ya ganaste. Esta sombra cuando se apodera de ti puede llevarte a tomar decisiones precipitadas, como seguir invirtiendo para recuperar lo perdido y terminar con la cuenta vacía.

Eso sin mencionar la tortura mental si llegas a perder tu cuenta, la culpa y el autocastigo de lo que hiciste o dejaste de hacer. El miedo de tener algo y después perderlo, es muy peligroso. ¡Cuidado!

El detectar los miedos que llegan de forma automática a través de tus pensamientos o comportamientos es desafiante porque requiere crear un juicio interno. Sin embargo, si realmente quieres tener éxito en el trading, es importante que los identifiques. *No se puede aceptar lo que no se reconoce y no se puede cambiar lo que no se está consciente.*

Obsérvate. ¿Quién eres cuando tienes miedo? Recuerda, la sombra del miedo puede ser uno de tus mejores maestros. Escúchalo. La próxima vez que estés haciendo trading o que estés pensando hacerlo y te surge miedo, identifica ¿cómo se presenta en tu cuerpo?, ¿es de forma fisiológica, conductual o cognitivamente? El cuerpo te habla, escucha las señales y actúa.

Personalmente, cuando empecé a hacer trading, mi miedo se mostraba de forma conductual y cognitiva. Si estaba dentro de una operación y comenzaba a caer la vela, me daba miedo de perder y quemar mi cuenta. Me paralizaba y no vendía, haciendo mi pérdida más grande, mi miedo más intenso y mi historia mental una realidad. Tuve que aceptar muchas pérdidas para sentirme cómoda e identificar el problema de raíz. En mi caso compraba por FOMO, en lugar de hacer mi análisis, tener una idea clara de la empresa, sus catalizadores, eps, historial, volumen, noticias y todo lo que podría influir en su movimiento.

No es fácil actuar cuando uno tiene miedo y más cuando estás haciendo trading, en un instante todo parece desmoronarse y te bloqueas. Si estás perdiendo, lo único que quieres es no perder más y no hay espacio para pensar lo contrario.

Aquí te ofrezco algunas alternativas rápidas que puedes hacer:

Si tu miedo se presenta de forma fisiológica:

- Realiza una respiración diafragmática por lo menos 5 minutos. Permite a tu cerebro relajarse. Échate agua en la cara o el cuello. Recuéstate. Busca la forma de relajarte y hacer sentir a tu cuerpo seguro.

Si es en forma conductual:

- Mueve tu cuerpo. Si estás sentado, levántate. Camina. Da pequeños saltos.
- Busca la manera de sacar la tensión corporal. Estírate.

Si es en forma cognitiva:

- Cambia tu narrativa. En lugar de pensar en todo lo negativo, analiza la posibilidad de que suceda lo contrario. Identifica qué historia te cuentas y si no te favorece, modifícala. Sin autoengaños.

Conócete y cuestiona si tu miedo lo alimentas con la historia que te cuentas y lo haces más grande de lo que es. *Cuando sientes miedo, tu cuerpo y mente se debilitan y te distraen de tu propósito.*

No dejes que una historia mal contada en tu mente o la sensación de incomodidad de un momento arruine tu estrategia y te quite la oportunidad de mejorar como trader. La sombra del miedo es pasajera, la culpa de no lograr tus metas no lo es.

EVOLUCIONA

Desde luego el lidiar con el miedo no es algo fácil, pero entre más rápido actúes, nuevos patrones de comportamiento se comienzan a formar en ti y la intensidad de tus miedos se debilita.

Es cierto, hay situaciones que estarán fuera de tu control, pero sí puedes *decidir qué significado tendrá para ti aquello que vives y cómo lo vives*. El miedo será parte de tu vida y de tu trading. No se va. Se transforma. Lo importante no es eliminarlo, sino aprender a vivir con él. Identificarlo, sentirlo, estar consciente de él y seguir adelante.

No detengas tu vida, creyendo que en algún momento tus miedos desaparecerán, no desaparecen, pero si disminuyen y se transforman.

En mis terapias he conocido a muchos traders que se arrepienten por no haber comenzado antes. El miedo a lo que podían perder, los limitó a tomar esa decisión. Yo misma lo hice. Por miedo a perder lo poco que tenía, tarde años en atreverme. Hoy sé que el verdadero riesgo fue haber esperado tanto.

No permitas que el miedo a lo desconocido te detenga a explorar el mundo del trading. El miedo paraliza a millones de personas todos los días. Que no seas tú uno de ellos. Tienes en tus manos la decisión de vivir con el peso de lo que nunca intentaste, o con la satisfacción de haberlo enfrentado todo.

ENTRENA

1) Identifica los miedos más recurrentes que tienes. ¿Como actúas, qué sientes o piensas cuando tienes miedo? ¿Qué historia te cuentas? ¿En qué parte de tu cuerpo lo sientes?

2) Recuerda algún momento en que tuviste miedo y a pesar de eso, tomaste acción. ¿Qué te dijiste a ti mismo antes de tomar acción? ¿Qué hiciste de diferente a otras ocasiones? ¿El resultado fue diferente al que esperabas?

3) Imagina por un momento los resultados que deseas en el trading, cuánto te gustaría ganar, cómo te gustaría sentirte cuando estas dentro de un trade, que te gustaría hacer con tu tiempo, a quién ayudarías, cómo invertirías tu dinero, etc. El imaginar los mejores resultados antes de tomar acción, tal vez, no quite tu miedo, pero disminuye su intensidad. ¡Inténtalo!

El miedo puede ser un gran maestro

SOMBRA 4

Autosabotaje

CAPÍTULO 4

"Cuando nos autosaboteamos, en realidad
solo intentamos protegernos."
- Aristóteles -

COMO TRADER, SIN IMPORTAR TU EXPERIENCIA, tarde o temprano te vas a encontrar con la encrucijada de decidir. Lo crucial es distinguir si es una duda pasajera o es la sombra del autosabotaje intentando detenerte.

Recuerdo mis propios comienzos. Una y otra vez buscaba información, me entusiasmaba la idea de abrir una cuenta de trading, pero siempre encontraba una excusa y me decía que no era el momento adecuado. En realidad, no era otra cosa que autosabotaje.

Es cierto que existen circunstancias externas que dificultan tomar decisiones. Sin embargo, en la mayoría de los casos se desarrollan dinámicas y es uno mismo quien se interpone en su propio camino y progreso.

El autosabotaje es una trama mental que se disfraza de lógica y prudencia, cuando el objetivo principal es la protección del dolor, del fracaso o del rechazo. Y el trading, con sus riesgos y desafíos diarios, despierta todos esos temores. Las pérdidas, las críticas, la sensación de no ser suficiente alimentan constantemente al saboteador interno.

COMO SE MANIFIESTA

El autosabotaje puede manifestarse de infinitas maneras en el trading: a nivel emocional, conductual, cognitivo, consciente o inconscientemente.

A veces puede llegar como un pensamiento autodestructivo que te invita a renunciar. Otras como una emoción incómoda que paraliza la acción o como un razonamiento ilógico que justifica tus traumas, miedos o amenaza tu narrativa.

Como trader, por ejemplo, cada vez que te sientes frente a la pantalla, el autosabotaje puede impulsarte a comprar o vender antes de tiempo, a perseguir oportunidades inexistentes, dejarte llevar por el FOMO o la ansiedad, doblar posiciones para recuperar alguna pérdida, recrear mentalmente historias de fracaso o de insuficiencia que refuerzan tus miedos.

Otras veces el autosabotaje se disfraza de distracción, creando conductas de escape. Esas distracciones que nos hacen cambiar de planes en el último momento, por ejemplo, cuando decides estudiar para seguir avanzando en tu trading y terminas atrapado en redes sociales, te estás autosaboteando.

Que decir cuando prometes asistir a un evento o una sesión en vivo que te puede ayudar a mejorar tu trading y decides no asistir con cualquier pretexto, te estás autosaboteando. Cuando tienes la oportunidad de empezar en el trading, crear una cuenta o entrar a una comunidad, pero crees que no es el momento perfecto, te estás autosaboteando. Estas pequeñas acciones, aun cuando no se ven consecuencias inmediatas, poco a poco están saboteando tu futuro como trader. ¡Cuidado!

LA DINÁMICA

A simple vista se puede percibir que la sombra del autosabotaje es un enemigo, pero no es así. En realidad, es la dinámica de tu mente para protegerte porque tiene miedo a todo lo nuevo y desconocido que experimenta por primera vez. Ante cada situación nueva, tu cerebro activa una alarma, si no has tenido una experiencia previa o no sabes cómo actuar, el miedo aparece inmediatamente.

Por eso, los nuevos traders cargan con miedos universales como perder dinero, no tener resultados, ser juzgados, fracasar, no ser lo suficiente. Es normal, es una experiencia nueva.

Además, si tu historia pasada incluye fracasos, criticas o rechazos, tu mente buscará evitar ese dolor. Si alguien en algún momento te hizo creer que no eras capaz de lograr algo, tu subconsciente quiere evitar cualquier herida parecida.

El autosabotaje se camuflajea bajo la ilusión de prudencia y te hace creer que no es el momento perfecto, que aún no estás listo, que tus decisiones son erróneas.

¿Como evitar caer en su trampa? Crea consciencia.

Al estar consciente y observar con claridad tus pensamientos y acciones, reconoces que ese miedo solo intenta protegerte. Ya no obedeces sin cuestionar o alimentas las historias dramáticas. Y si fallas, aceptas la incomodidad, enfrentas las consecuencias y comienzas a corregir el rumbo. Sin autoengaños. Sin excusas. Recuerda, *podrás engañar a todos a tu alrededor, pero no puedes engañarte a ti mismo.* Algo dentro de ti sabe cuándo te estás mintiendo.

LA PRÁCTICA

El antídoto para el autosabotaje es la práctica. En trading, cuanto más prácticas, más confianza construyes en ti y en tu proceso. La experiencia a través de la práctica va consolidando tu entendimiento del juego en el trading y te protege del autosabotaje. De hecho, en Primero Trader, recomendamos utilizar el simulador al menos seis meses antes de arriesgar dinero real.

La prisa por obtener ganancias, cuando aún no tienes la experiencia y la confianza necesarias, solo alimenta al saboteador interno. En cambio, la práctica constante fortalece tu disciplina y debilita la voz que intenta detenerte. Practica diariamente, conócete y así evitarás que la sombra del autosabotaje retrase tu proceso y lo haga más doloroso de lo que debería de ser.

Conforme vas aprendiendo, agarrando experiencia y conociéndote, ese miedo que te detiene disminuye. El ruido de las voces internas que susurran "no lo intentes", "vas a perder", "que van a decir de ti si no lo logras", "no es posible hacer dinero tan rápido", "no te lo mereces", "no eres capaz", van perdiendo su fuerza.

No desaparecen del todo, porque el miedo camina con cada trader, incluso con los más experimentados. Pero los pensamientos, emociones, historias y otras tácticas que utiliza el sabotaje son cada vez menores o no tienen tanto impacto o control sobre ti. Dejan de controlar tus decisiones.

Poco a poco entiendes que el autosabotaje no llega como un enemigo que grita, sino como una voz que susurra excusas. Aprendes a identificar, reconocer y eliminar esa voz hasta convertirla en un murmullo lejano que deja de dirigir tu vida.

Solo no renuncies antes de tiempo. La perseverancia es fundamental en el trading y es la que te llevará a lograr tus objetivos y resultados constantes.

Así que cuando comiences en el mundo del trading, date la oportunidad de aprender y seguir a pesar de los tropiezos. Toma tiempo entender el lenguaje del trading o sentirte cómodo para operar, no te apresures. Entra con la idea que vas a cometer errores, sentirás la tentación de rendirte y vas a equivocarte mientras aprendes.

El saboteador interno nunca se extingue. Si aceptas esta realidad como parte de tu camino, tu relación con la sombra del autosabotaje cambia. Deja de ser un enemigo oculto y en algún momento disminuye su presencia y te deja tomar el control…

CAMBIA LA HISTORIA

I. No es fácil lidiar con las voces del autosabotaje que gritan "no puedes" o "nunca lo vas a lograr", pero si puedes ignorarlas, cuestionarlas o mejorarlas. Repite una y otra vez, "estoy aprendiendo" o "no lo he aprendido todavía" eso le da una pauta a tu mente que estás en un proceso de aprendizaje.

II. Cuando tengas una pequeña victoria en el trading, celébralo. Si terminaste el día positivo sin importar la cantidad, si respetaste tu estrategia, si mediste tu riesgo, si empleaste un nuevo conocimiento, etc., reconócelo.

III. Hay cambios que no se ven día a día, pero conforme pasa el tiempo ves los resultados. Es solo la práctica diaria y constante la que aumenta la confianza en ti y disminuye las dinámicas que usa el autosabotaje para protegerte, pero que te detienen. Confía en ti y cambia tu historia.

El antídoto para el autosabotaje es la práctica

SOMBRA *5*

El Ego y su influencia

CAPÍTULO 5

"Cada vez que escalo soy perseguido
por un perro llamado ego"
- León Tolstói -

"NO PUEDO ESTAR EQUIVOCADO" "YO TENGO LA RAZÓN", "LO SÉ TODO". El trading tiene una forma sutil de sacar lo mejor y lo peor de nosotros. No importa cuánto quieras aparentar, disimular u ocultar tus sombras, estas aparecen sin aviso, y el ego es quien les abre la puerta.

Cuando entramos al mundo del trading con un aire de superioridad, creyendo saberlo todo o pensando que seremos la excepción y que nunca vamos a perder, es cuando comienza nuestro aprendizaje. Por supuesto, *en los momentos de ganancias, la confianza crece y el ego se infla; en los momentos de pérdidas, el ego te protege y el autoengaño florece.*

QUÉ ES EL EGO

El ego proviene del latín *ego* que significa "YO". Es decir, esa personalidad construida o aprendida a través de los años que nos da un sentido de identidad personal. Forma la percepción que tenemos de nosotros mismos o lo que creemos que somos. Es la caratula o el personaje que hemos creado con nuestro entendimiento de lo que vivimos.

Al ser una parte fundamental de nuestra estructura mental, una de las funciones del ego es la protección. Protege nuestra vulnerabilidad de cualquier situación externa que se crea o se sienta como amenaza a nuestro ser.

El ego nos ayuda a navegar por el mundo de manera efectiva, regula nuestro comportamiento y equilibra nuestras necesidades internas con las demandas externas. Por lo que, al ser parte de nosotros, no hay necesidad de eliminarlo o rechazarlo. Lo que necesitamos es aprender a identificarlo cuando se vuelve una sombra.

Primeramente, es fundamental entender que el ego o esa personalidad que mostramos públicamente ante los demás, se reactiva desde el miedo. Le cuesta aceptar equivocaciones, críticas, vergüenzas, busca satisfacción continua, gratificación inmediata y se fortalece al tener la razón, ser admirado y reconocido.

Aprender a estar consciente de él y atentos cuando la balanza se inclina hacia su lado es clave para no dejar que nos arrastre en el trading.

COMO SE ALIMENTA EL EGO

El ego se alimenta de pequeñas victorias. En el trading, cuando llegas a predecir y acertar en una tendencia del mercado, tu ego se infla. El obtener ganancias inmediatas a corto o largo plazo, el sentir que siempre tienes la razón o el salir vencedor ante el reto, es lo que inyecta adrenalina y aumenta el deseo de repetirlo.

Y si llegamos a fallar o perder, el ego también está ahí. El ego justifica errores y construye historias para proteger nuestra vulnerabilidad, en lugar de observar que sucedió, porque se tomaron ciertas decisiones y cómo se puede mejorar.

Reflexiona: ¿Cuántas veces justificaste un error sin mirar que realmente sucedió?

Si no balanceamos rápido y de manera saludable nuestro ego, nuestra mente distorsiona la realidad, la forma como pensamos, actuamos y comprendemos el mundo. La clave es encontrar el equilibrio *entre lo que necesitamos hacer y lo que deseamos que suceda.*

LA IDENTIDAD DEL EGO

La sombra del ego surge desde el miedo a sentirnos rechazados, a no ser suficientes o a no ser valorados. Es nuestro personaje protector que nos invita a resguardarnos de todo aquello que nos pueda lastimar. Está luchando por protegernos.

Solo cuidado, porque puede desviarte de tu objetivo. El ego tiene ese gran poder, hacernos olvidar nuestros objetivos y nuestras limitaciones.

Negociar con un ego vanidoso y ciego por los triunfos o un ego herido por las pérdidas y errores es complicado. El reconocer límites o equivocaciones duele emocionalmente y muchas veces queremos negarlo o ignorarlo.

En el trading, el ego se manifiesta así:

- Tomar decisiones precipitadas por miedo a perder o no ganar. El ego va a hacerte creer que no había otra opción o que todos están en tu contra para justificar esa acción.
- Entrar en posiciones solo porque otros lo hacen y no quedarte atrás. Es tu ego quien por FOMO tomó la delantera.
- Aferrarse a una posición para tener la razón. El ego gana.
- Enojarse cuando las cosas no salen como quieres. Tu ego es quien está decidiendo.
- Cuando ganas sin saber el por qué y crees que ya lo sabes todo. El ego te ciega.

- Cuando al perder, te autoengañas y justificas la pérdida por vergüenza. El ego toma el control.

No aprender a identificar tu propio ego retrasa tu progreso y resultados como trader.

Recuerdo un trade que hice con 500 acciones. Empecé a promediar mientras el precio caía. Tenía la esperanza que subiera. Cada día veía cómo mi cuenta disminuía y en lugar de aceptar la pérdida, por ego, seguí comprando. Llegó un momento que ya no tenía capital para seguir operando y no solo tuve que aceptar la perdida, sino que quemé mi cuenta.

Un año después la acción subió $5 dólares. Ese día entendí la importancia del *equilibrio entre lo que necesitamos hacer y lo que deseamos que suceda*.

EQUILIBRIO

No está mal querer ganar o tener la razón. Es parte de nuestra condición humana el querer sentir satisfacción. Es cuando solo encuentras sentido a tu existencia si eso sucede.

Disfrutar del trading, de una ganancia, de un análisis bien ejecutado, es esencial. De qué sirve el hacer algo que no disfrutas o cuando te recompensa, no lo reconoces. Es *cuando te olvidas de quién eres más allá de esa ganancia o pérdida,* que llegas a quedar atrapado emocionalmente.

El apego a un resultado específico, en lugar de disfrutar del trading, es una trampa del ego. Incluso cuando se gana, puede aparecer la sensación de carencia y deseo de más.

Al no recibir lo que se espera, hay sufrimiento, enojo, frustración y reacciones inconscientes debido al apego de lo que se cree que debe suceder, aun cuando hay tantas cosas fuera de nuestro control en el mercado.

También puede suceder todo lo contrario, obtienes ganancias, pero te satisfacen por un segundo y después aparece la sensación de carencia y buscas obtener más.

La necesidad de tener más, aun cuando ya tienes ganancia, es el ego tomando el control, creando en muchas ocasiones adición al trading.

Puede llegar el momento que ya no te enfocas en la estrategia, solo en la posibilidad de ganar y aun cuando hay ganancia, quieres seguir ganando más. Se toman decisiones precipitadas, el enfoque se pierde, el riesgo se descontrola, transformando la ganancia en una pérdida mayor.

El desafío para muchos traders, hoy en día, es entender que el trading es solo una parte de ti, pero es una profesión que requiere de tiempo y disciplina.

La expectativa de resultados inmediatos alimenta el ego. Por eso es vital identificar quién eres más allá del trading. Averigua que otras áreas de tu vida son importantes y como se complementan una con la otra. De lo contrario, es más fácil caer en la trampa del ego.

Ejercicio:

1. Identifica las áreas más importantes de tu vida
2. Ordena su importancia y nivel de satisfacción
3. Define cuales no son negociables y cuales son más flexibles
4. Evalúa como cada área te complementa como persona

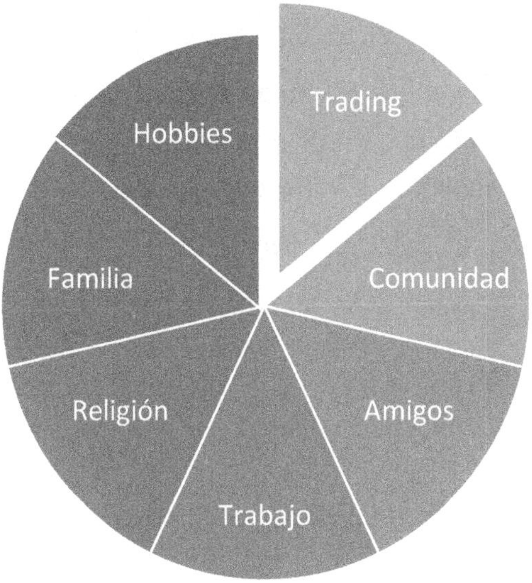

Cuando esto está claro y lo entiendes, el equilibrio llega. El creer que solo el trading nos dará la satisfacción total es alimentar al ego y cegarnos ante la verdadera recompensa.

OBSERVA TU EGO

Cuando entres al mundo del trading, hazlo con la humildad de aprender, de lo contrario vivirás desilusión. No importa qué tanto crees saber o qué tanta capacidad te adjudiques sobre el trading, los golpes de realidad llegan, son dolorosos y nos ponen en nuestro lugar.

El mercado hará lo que necesite hacer, no espera ni compadece a nadie. Es frío, volátil y te hará sentir dolor emocional, frustración, enojo, ansiedad y mucho más. Así que conoce a tu ego e identifica esos momentos en que aparece.

Si lo ves desde otra perspectiva, el ego puede ser un gran aliado si aprendes a observarlo. Recuerda que *el ego es la salida a una incomodidad interna.* Así que no hay necesidad de fatalizarlo o crear un batalla interna con esa parte de ti.

La clave: consciencia y observación.

El trading te va a dar muchas oportunidades para observar tu ego en acción y eso es cuando:

- Pierdes o ganas
- Algo no sale a tu modo
- Reaccionas con rabia, miedo o frustración

Cuestiónate:

- ¿Porque pienso, siento o actuó así?
- ¿Estoy actuando desde el ego o desde la realidad?
- ¿Porque me enfada no sacar la ganancia que quiero?
- ¿Quiero tener siempre la razón?
- ¿Porque no quiero aceptar que me equivoqué o perdí?

El ego deja huellas. No tienes que eliminarlo, puede ser una gran fuente de sabiduría interna, si aprendes a observarlo sin juicio. Una vez que entiendas tus acciones, con paciencia y consciencia entrena tu mente para lidiar con el malestar emocional y reaccionar diferente si así lo decides.

TRABAJA CON TU EGO

El trabajar con tu ego te ayuda a tomar decisiones conscientes, gestionar emociones y de esa manera mantener relaciones saludables contigo mismo y los demás. Conócete. *Aprende a distinguir quién eres o en quien te conviertes cuando haces trading.*

Cuestiona tus pensamientos, dudas, ideas, acciones, etc. Aprende a distinguir tu verdadero propósito cuando haces trading y no permitas que esa parte de ti, tu ego, lo distorsione. Sólo tú tienes la capacidad de definirte a ti mismo, pero hazlo de forma consciente, sin engaños, justificaciones o historias inventadas.

No permitas que tu ego haga del trading una lucha interna. El dolor emocional o mental que puedes experimentar en el trading va a depender de qué tan rápido reconoces tu ego, identificas cuando aparece y conscientemente trabajas con él. Tú decides, lo controlas o te controla.

No hay traders sin *ego.* Algunos quieren ganar, otros ser los mejores o tener siempre la razón. Algunos pierden dinero u oportunidades por su ego, mientras que otros aprenden a convivir con él.

¿Quieres ser un trader exitoso?

- Reconoce cuando tu ego toma la delantera
- Acepta tus reacciones, agradables o no
- Autorregúlate

- Reconoce que eres más que tus ganancias o pérdidas

El ego no es tu enemigo, es tu espejo. Obsérvalo, compréndelo y dirígelo. Solo así tu trading y tu vida serán realmente conscientes…

IDENTIFICA

#1: ¿Qué cosas te molestan más? ¿Te gusta tener la razón? ¿Te gusta ganar? ¿Cómo reaccionas cuando pierdes? ¿Cómo reaccionas cuando ganas? ¿Cómo actúas cuándo sientes que no se te valora? ¿Qué te dices cuando cometes un error?

#2: Haz una lista de aquellas cosas que crees que te identifican. Por ejemplo, tu trabajo, tu educación, tu familia, tus pertenencias, etc. Si el día de mañana lo perdieras todo, ¿Qué harías? ¿Cuál es tu reacción? ¿Qué cosas dejarías de hacer o pensar? Tómate el tiempo de reflexionar sobre esto y las posibles decisiones que puedes tomar.

#3: Identifica tus apegos o a que te aferras en la vida por miedo a un cambio. El ego alimentado te ciega y el ego herido es peligroso, ambos te mantienen atrapado emocionalmente. ¡Cuidado!

El ego puede ser un aliado o un enemigo

SOMBRA 6

La comparación

CAPÍTULO 6

"¿Un árbol de manzanas es mejor que un árbol de peras? El sabio no compara"

\- Alejandro Jodorowsky -

LA COMPARACIÓN EN EL TRADING PARECE INEVITABLE. Basta abrir redes sociales para encontrarse traders mostrando operaciones con grandes ganancias, porcentajes de rentabilidad impresionantes e historias de éxito.

Sin embargo, ¿alguna vez te has detenido a pensar el impacto que esta constante comparación puede tener en tu mentalidad? ¿Como puede beneficiar o perjudicar tu desempeño en tu trading? ¿Cuánto de lo que ves es realmente cierto?

Todos como traders, en algún momento, hemos caído en la trampa de la comparación. La naturaleza competitiva del trading alimenta la idea de que solo somos valiosos si logramos los mismos resultados que otros. Además, la sociedad a menudo nos refuerza esa ilusión y nos hace creer que nuestro valor depende de alcanzar lo que otros poseen o vivir experiencias similares a las suyas.

Cuando vemos a traders compartiendo ganancias exponenciales o alcanzando objetivos ambiciosos, es fácil caer en la creencia de que nos estamos quedando atrás. Pero esta comparación rara vez refleja la realidad completa.

LA ILUSIÓN

Lo que se ve en redes sociales o grupos de trading suele ser solo una versión limitada. Nos deslumbramos con las operaciones exitosas, logros visibles, momentos de gloria, pero pocas veces consideramos el costo detrás de esas apariencias. Rara vez, se comparten las pérdidas, las malas decisiones, las horas de frustración frente a las pantallas, noches sin dormir o el desgaste emocional.

Compararte sin considerar el contexto completo es peligroso. Otro trader puede duplicar su cuenta en un mes, pero ¿y su tolerancia al riesgo, experiencia propia, práctica, tiempo disponible o capital? Cada trader es distinto y tiene una diferente capacidad para enfrentar pérdidas y manejar la frustración y presión. Lo que funciona para otro, no necesariamente funciona para ti.

Nos enfocamos únicamente en el resultado final, sin reflexionar sobre la gestión de riesgo, la disciplina, la resiliencia o el sacrificio que implica alcanzarlo.

Incluso si logras alcanzar a aquellos con quienes te comparas, siempre habrá alguien más obteniendo mejores resultados, mayor beneficio, tomando decisiones más rápidas o manejando más capital. Es una competencia interminable, donde la insatisfacción siempre parece estar un paso adelante.

El mercado nunca deja de moverse, y la vara de la comparación continuará elevándose. Esta dinámica perpetua puede hacer que incluso tus propios logros se sientan insuficientes.

No te desgastes mentalmente de esa manera. El trading ya es desafiante, no hay necesidad de agregar más peso mental o emocional. El estado mental en el trading es un factor decisivo para lograr resultados y la constante comparación puede llegar a sabotear tu progreso. ¡Cuidado!

EL EFECTO EN TI

Compararte constantemente con otros traders debilita tu confianza, crea desgaste emocional y nubla tu juicio. Además, que te impulsa a competir constantemente. Esta competencia implanta en ti la idea de que no hay suficiente para todos y tienes que luchar por tu parte.

Cuando te enfocas en lo que otros ganan y en las oportunidades que tu "pierdes", te comienzas a cuestionar tus propias decisiones, te frustras, abandonas estrategias bien fundamentadas, y te dejas llevar por impulsos en un intento de "ponerte al nivel" de alguien más.

Sobre operar, asumir riesgos innecesarios o caer en trading emocional son síntomas claros que estas dejando que la comparación controle tus decisiones, afectando negativamente tu rentabilidad.

Cuando operas con el objetivo de "superar" a otros en lugar de seguir tu propio plan y superarte a ti, pierdes la conexión con tu proceso. ¿Crees que vale la pena pagar ese precio?

TRAMPA SILENCIOSA

El deseo de ser como otros puede robarnos autenticidad. Cuando seguimos estándares ajenos, dejamos de operar según nuestras necesidades y habilidades, y nos convertimos en copias falsas de alguien más. La sombra de la comparación nos arrastra hacia la lucha interminable por lo que otros tienen, sin evaluar si eso realmente nos hace felices.

Poco a poco, nos hundimos en esa sombra y la lucha incesante por perseguir una versión idealizada, alcanzar estándares ajenos y conseguir aquello que otros tienen o ser como otros son. ¿De dónde nace esta comparación?

Nos comparamos constantemente, casi de manera automática, como resultado de una insatisfacción interna, de la percepción de carencia. La creencia de que solo seremos verdaderamente felices si tenemos lo que alguien más tiene o vivimos de la misma manera, es una ilusión persistente.

No queremos sentirnos "menos" y en lugar de confrontar esa sensación, imitamos a quien creemos tiene lo que nos falta.

Ahora, admirar a otros traders no es negativo; puede ser una fuente de inspiración. De hecho, el observar cómo operan otros traders con éxito, puede darte información valiosa para mejorar y aprender nuevas técnicas o pulir tu estrategia. Puede, incluso, darte la esperanza de lo que es posible lograr en el trading con enfoque y disciplina.

El peligro aparece cuando al compararte, envidiar o idealizar los logros de alguien más, distorsiona tu percepción y sabotea tu progreso. Además de que medir tu éxito, únicamente en relación con lo que otros hacen, genera una sensación constante de insatisfacción, sin importar todo lo que hagas u obtengas dentro del trading.

Así que, si ves a otro trader logrando resultados que tú deseas alcanzar y te genera incomodidad, pregúntate:

- ¿Estoy viendo la historia completa?
- ¿Sé lo que ha pasado esa persona para lograr esos resultados?
- ¿Qué riesgos asumió y cómo lo gestiono?
- ¿Estoy dispuesto a asumir esos riesgos también?
- ¿Qué puedo aplicar a mi propia operativa?
- ¿Qué puedo aprender de su proceso?

El cambiar la comparación por una curiosidad genuina y desde el aprendizaje, te da la oportunidad de reconocer aspectos de tu propio progreso, enfocarte en tu estrategia, aprender de tus errores y mantenerte consistente y emocionalmente equilibrado. No compitas, aprende.

ROMPE EL CICLO

Es desafiante no compararse y más cuando estamos aprendiendo algo nuevo, como el trading. Sin embargo, no se trata de eliminar la comparación, sino aprender a usarla como herramienta, enfocarte en tu crecimiento como trader y tu propio proceso, en lugar de permitir que te controle. Así que:

Define tu propio objetivo en el trading. De acuerdo con tus necesidades, inversión, tiempo y habilidades, mide la posible rentabilidad y gestión de riesgo que quieres implementar. Cuando lo defines con autenticidad, la comparación pierde fuerza. Recuerda establecer objetivos claros y realistas basados en tu situación personal, no en lo que alguien más esté haciendo.

Observa traders experimentados con resultados, sólo como inspiración. No te midas contra ellos y todos los años de ventaja que tienen. Tu camino es diferente y tu proceso será diferente también. No te apresures. Ten paciencia y llegará tu momento.

Sé justo con tu trading. No maximices las pérdidas y minimices las ganancias. Cada operación, aún la incorrecta, es una oportunidad de aprendizaje. Cuídala. Así que celebra esos pequeños triunfos que te ofrece el mercado día a día. Eso fortalece tu confianza y reduce la necesidad de validación externa. Recuerda que la carrera es contigo mismo.

Crea o modifica tus hábitos. El trading va a exigir de ti disciplina, tiempo y una mentalidad fuerte. Entre más claro y consciente estés de lo que implica hacer trading y el sacrificio, más preparado vas a estar para construir resultados sostenibles.

Reduce el tiempo en las redes sociales. Establece límites del contenido que consumes. El estar en constante exposición a lo que otros hacen, amplifica la ansiedad o dudas de tu propio proceso en el trading. Sé selectivo. No todo lo que se expone, merece tu atención.

Utiliza herramientas de Trading. El mantener un registro de tus operaciones, pensamientos y emociones de forma constante, te ayuda a identificar patrones de comportamiento ocultos. El diario de trading y los análisis psicológicos que puede hacer Polo AI en la plataforma de Primero Trader son grandes herramientas. Toma ventaja.

Agradece. El mercado te brinda oportunidades diarias. El enfocarte y reconocer esas pequeñas victorias de tu propio progreso, reduce la necesidad de compararte. Disfruta lo que tienes ahora y trabaja por lo que quieres mañana.

Si estás comenzando tu carrera en el trading, no desvíes tu atención de lo que realmente importa: tu propio progreso y evolución como trader.

Cada decisión que tomas, cada análisis que realizas y cada lección que aprendes te beneficia a ti y te acerca a tus objetivos. No permitas que el deseo de ser como alguien más te quite la oportunidad de descubrir lo que tú eres capaz de lograr en el mundo del trading, a tu manera y a tu ritmo.

Al final, la decisión es tuya…

EVITA

Compararte: Cuando sientas la tentación de compararte, haz una pausa y pregúntate: "¿Estoy usando esta información para mejorar, o estoy cuestionando mi propio valor y progreso?"

Creer: Todo lo que se ve en las redes sociales, muchas veces, es solo una parte cuidadosamente seleccionada. No todo éxito visible equivale a plenitud personal o se alinea con nuestra propia definición de éxito. Pregúntate: ¿Esto realmente refleja lo que quiero para mí?

Autocastigarte: La sombra de la comparación es la puerta al autocastigo y frustración. Cada vez que te mides en función de alguien más, se debilita tu confianza, auto valorización y se distorsiona la percepción de tu capacidad. Pregúntate: ¿Qué aspectos de mi vida puedo valorar y celebrar hoy?

La comparación es una trampa silenciosa

SOMBRA 7

La Impaciencia

CAPÍTULO 7

"La paciencia es necesaria, y no se puede cosechar de inmediato donde se ha sembrado"

\- Soren Kierkegaard -

LA ESPERA ES UNA ETAPA AGRIDULCE. Por un lado, deseas sentir la satisfacción de la recompensa inmediata, esa que el mercado puede ofrecer en segundos. Por otro, tienes que atravesar un proceso continuo de aprendizaje si quieres obtener resultados duraderos. La batalla emocional entre el deseo y la disciplina puede ser agotadora.

Y se entiende, vivimos en una época que programa a nuestro cerebro para reaccionar sin pausa ante el flujo incesante de estímulos e información. Todo está al alcance de un clic: respuestas, compras, entretenimiento, aprobación. Hemos sido condicionados a la gratificación instantánea y cuando no la obtenemos, surge la impaciencia, la frustración y el desequilibrio emocional.

El trading no funciona así. Si buscas resultados sólidos, no cometas el error de apresurarte. Sé paciente. Adaptarte a un entorno tan distinto requiere tiempo y autoconocimiento. La paciencia, será una de tus mayores virtudes que puedes desarrollar como trader.

Ahora, no confundas la paciencia con pasividad. Ser pasivo es esperar a que algo cambie sin actuar. Y cuando no cambia, llega la queja: "el mercado está manipulado", "todo está en mi contra", "esto no funciona", "pensé que iba a ser fácil" etc.

Ser paciente, en cambio, es tener la capacidad de tolerar, observar y seguir adelante a pesar de los desafíos y el ruido externo. Es mantener la calma cuando el impulso quiere dominarte. Es resistir la tentación de la gratificación inmediata y confiar en el proceso. Es ese condicionamiento mental que te permite lidiar con la frustración y la incomodidad.

LA IMPACIENTE

Hablar de paciencia no es fácil, sobre todo cuando uno mismo ha tenido que aprenderla a base de tropiezos. En mis primeros meses de trading, la impaciencia fue mi enemiga más costosa. No esperaba que terminara el movimiento de la vela, quería ver la ganancia ya. Tomaba decisiones precipitadas y arriesgaba más de lo debido. Llegue a hacer 40 y 90 trades por día. Me decía que hacia scalping, pero en realidad eran salidas de pánico.

Tenía miedo a perder lo poco que había ganado, y ese miedo me llevaba a perder más. No había análisis técnico, fundamental ni control de riesgo, solo el impulso de ganar algo. En un día podía ganar $45 dólares, y al siguiente perder $1,200, solo por mi impaciencia. Hasta que entendí algo esencial: sin paciencia, no solo pierdes dinero, también pierdes la capacidad de aprender.

Fue entonces que cambie mi estrategia. Comencé a usar velas de 5 minutos. Fue incómodo, pero me obligaba a esperar y a observar el movimiento completo. Después amplie mi mirada a velas de 30 minutos y 1 hora. Cambió mi perspectiva. También establecí metas diarias más pequeñas, lo que redujo la presión por resultados inmediatos.

Y así comprendí que, en el trading, *la paciencia no es opcional*, es la clave para una carrera duradera. Por supuesto, cuando eres principiante, es normal querer resultados rápidos, pero no lo hagas a costa de tu futuro. En la vida, ser impaciente puede constarte una oportunidad; en el trading, puede costarte tu cuenta entera.

POSIBILIDAD

Las posibilidades en el trading son infinitas... para quienes saben esperar. Aprender a esperar el momento para comprar, vender o recuperarte de las pérdidas marca la diferencia. Muchos traders renuncian al no ver resultados rápido. Otros entran antes de tiempo o venden demasiado pronto por su desesperación, dejando dinero sobre la mesa. Pero hay quienes, pese a las pérdidas, desafíos o la lentitud de su progreso, perseveran y eventualmente encuentran coherencia y éxito. La diferencia es clara y es que supieron esperar.

No es fácil hacerlo, sobre todo cuando dejaste un empleo seguro, cuando tus ahorros se agotan, cuando el tiempo que tienes es poco o el miedo aprieta. Cuando cambiaste tu vida y quizá la de tu familia por este mundo incierto y no ves los resultados. Cuando el cansancio mental se acumula y sientes que ya no puedes más. En esos momentos, la mente se vuelve tu campo de batalla. Pero incluso ahí, la paciencia se convierte en tu única aliada

Si ya lograste cierta consistencia, disfrútala. Cada día verde es una victoria. Agradece. Luego vendrá un nuevo desafío: superar tu propio nivel o techo. Todos los traders tienen un tope mental donde logran obtener cierta cantidad sin esfuerzo alguno. Si desean cruzarlo, tienen que iniciar otro proceso nuevamente. Se necesita paciencia, disciplina emocional y la capacidad de silenciar esos pensamientos que dicen "no puedo más".

A LARGO PLAZO

Como trader la paciencia es clave. Evita decisiones impulsivas y te permite ver como tus estrategias maduran con el tiempo, obteniendo mejores resultados a largo plazo.

Cuando el mercado cae, los impacientes venden por miedo. Cuando sube, compran por pánico a quedarse afuera.

Surge la voz interna que te dice: "¿y si después sube y no entré?" El tomar operaciones por la simple incomodidad, te debilita mentalmente y fortalece la impaciencia.

El trader paciente, aprende a silenciar el ruido externo e interno, y serenamente ejecuta su estrategia. La paciencia filtra las oportunidades y te ayuda a operar menos, pero mejor. Al operar menos, pero con precisión, proteges tu capital y fortaleces tu criterio.

Comprendes que las mejores operaciones no se presentan todos los días, pero cuando llegan, tienes la capacidad de reconocerlas y las aprovechas.

A medida que entrenas tu mente, tu confianza crece y el desgaste emocional disminuye. Tu enfoque se desplaza de la cantidad a la calidad. Ya no cierras tus posiciones con pequeña ganancia por miedo a perder, sino que observas, analizas y confías.

La paciencia te enseña que una sola operación bien ejecutada puede equivaler a la ganancia de toda una semana de esfuerzo. Sé paciente, y serás recompensado.

CULTIVA LA PACIENCIA

Algunos nacen con una disposición natural a la calma. Otros debemos desarrollarla. Como traders, esta habilidad es esencial si quieres tomar decisiones racionales y construir una profesión sólida.

La paciencia, como capacidad psicológica y emocional, requiere práctica constante y consciente de estrategias cognitivas, autorregulación y claridad mental. En el trading vas a enfrentar incertidumbre, frustración, malestar y el deseo de resultados inmediatos. Quien no aprende a manejarlo actúa impulsivamente y pierde el control. Quien lo domina, fortalece su mente.

El saber esperar el momento correcto es una habilidad que se fortalece con el tiempo, y cuanto más practiques, más beneficios verás en tu trading.

A continuación, te comparto algunas formas de cultivar la paciencia. Solo ten en cuenta que no se obtiene de la noche a la mañana, es una constante rutina. Puedes comenzar con:

- Exponerte gradualmente a situaciones que desafíen tu paciencia. Si no te gusta esperar, ve a lugares donde sabes que tienes que hacerlo.

- Establece expectativas realistas sobre tus ganancias. No esperes ganar cantidades exorbitantes antes de tener la experiencia. Práctica.

- Opera con velas de 5 minutos. Te brinda tiempo para observar el movimiento completo y evita vender por ansiedad.

- No revises tus ganancias hasta cerrar tus operaciones.

- Acepta que no todas las operaciones dan resultados inmediatos.

- Practica la espera deliberada. Antes de actuar o hablar, respira y cuenta hasta cinco.

- Realiza actividades que fortalezcan la calma mental como leer, yoga, rompecabezas, ajedrez, pintar, jardinería, escritura, etc.

- Lleva un diario de trading y reflexiona sobre los momentos de impaciencia y cómo puedes reaccionar mejor en el futuro.

- Al despertar, retrasa la sensación de ver tu teléfono por lo menos 30 segundos. Esto ayuda a regular los impulsos.

- Escoge deliberadamente situaciones donde no tengas control alguno y obsérvate cómo reaccionas.

- Rodéate de personas pacientes. El entorno influye en tu actitud y moldea tu mente.

- Construye disciplina en lugar de expectativas apresuradas.

Cada espera, cada retraso, cada momento incomodo es una oportunidad para crecer. El desarrollar la paciencia, será una de las mejores cualidades que puedes tener como trader. No solo te ayuda a mejorar tu trading, también protege tu salud mental, emocional y física. Aprende a esperar.

Calla el ruido externo e interno. Entrénate. Practica diariamente, cuestiona por qué te cuesta ser paciente, retrasa la gratificación instantánea y aprende a sentirte cómodo ante lo incómodo. Son los pequeños cambios diarios los que moldean una mente fuerte y resiliente.

Al final, la paciencia paga…

COMIENZA A...

Practicar la paciencia día con día. Es tu mejor aliada y clave en el trading para protegerte de decisiones emocionales. Tal vez operes menos, pero con mejor calidad. Recuerda que ser impaciente te cuesta dinero.

Entender que los cambios en ti y en el mercado son inevitables y se te pondrá a prueba una y otra vez. El no obtener una recompensa inmediata causa malestar, miedo o ansiedad. Dependerá de ti cómo te adaptas o reaccionas. Sé paciente.

Construir lentamente tu camino. El impaciente tiene rachas buenas en el trading, pero no una rentabilidad duradera. El mercado premia al que sabe esperar y se mantiene sereno ante el ruido externo.

La paciencia se retira cuando la emoción aparece

SOMBRA 8

¿Eres avaro?

CAPÍTULO 8

"La avaricia lo pierde todo
por quererlo todo"
- Jean de la Fontaine -

DE TODOS LOS IMPULSOS QUE TE ENFRENTARÁS en el trading, el más desafiante y peligroso es la avaricia. Ese silencioso e insaciable deseo de tener más nubla la racionalidad. Perseguir esa ganancia extra abre la puerta a la sobre operación, a asumir riesgos excesivos y a ignorar las señales de salida. Este impulso puede llevarte fácilmente a pérdidas significativas o incluso a la destrucción total de tu cuenta.

A diferencia de la ambición, que es ese deseo natural de superación y logro, la avaricia tiene una sombra más profunda: es insaciable por naturaleza. Nada es suficiente, no hay satisfacción real ni duradera. No se piensan las consecuencias y el deseo de más se convierte en un ciclo interminable.

Desde tiempos antiguos, la avaricia ha sido una fuerza que ha moldeado la historia humana, influyendo en la política, la economía y las dinámicas sociales. Como un impulso psicológico, se manifiesta en la necesidad desmedida de acumular, ya sea riqueza, poder o reconocimiento.

Cuando este impulso se descontrola, puede distorsionar la percepción de la realidad, nubla el juicio y conduce a decisiones más impulsadas por la obsesión que por la razón.

Pero… ¿qué hay detrás de la avaricia en el trading?

BUSCA INTERNAMENTE

A medida que experimentas resultados positivos y ganancias constantes en tu trading, tu cerebro libera dopamina y activa los circuitos de recompensa. Cada ganancia refuerza el deseo de repetir la conducta. Con el tiempo, esa búsqueda de la euforia se transforma en un patrón difícil de controlar. Y, tras una racha ganadora, surge además el exceso de confianza y la sensación de invulnerabilidad.

Como se mencionó en el capítulo seis, el condicionamiento social glorifica el éxito y promueve la comparación constante con otros traders. Esa presión lleva a la acumulación desmedida: la avaricia como búsqueda de validación o como intento de medir el propio valor a través de lo que se posee.

Otra forma en que la sombra de la avaricia se manifiesta es con el FOMO: entrar en un trade sin una estrategia clara solo por el miedo a perder una oportunidad. Esa decisión impulsiva ha destruido más cuentas de las que se admiten. Entrar tarde, movido por la esperanza de que el precio siga subiendo, suele ser el principio del fin.

Hay que estar alerta cuando el único motor que impulsa una decisión es no quedarse afuera.

Y qué decir de esos momentos en los que ya tienes ganancia, pero surge el deseo de obtener un poco más. No se cierra la operación y se sigue operando. La avaricia toma control, se sobre opera y la operación que en algún momento fue positiva, se vuelve en tu contra. Se devuelve lo ganado o se generan pérdidas devastadoras. ¡Cuidado!

En muchos casos, la avaricia funciona como un mecanismo de defensa frente al miedo a la escasez. Quienes han experimentado carencias suelen encontrar en la acumulación una falsa sensación de seguridad. Así la avaricia se convierte en un intento de controlar la incertidumbre de un futuro incierto.

En algunas ocasiones, nace de la búsqueda de adrenalina y emociones fuertes. Otras veces, puede ser un escudo contra el miedo a perder, el fracaso, a no ser suficiente, la dependencia o la inseguridad.

En el fondo, la avaricia es el reflejo de necesidades emocionales no resueltas. Donde se busca tener una cierta seguridad personal. Es una forma de autopreservación donde el control o la acumulación desmedida se confunde con el éxito.

UN EQUILIBRIO

Todo trader en desarrollo busca mejorar estrategias, resultados y ganancias. No hay trader sin ambición. De hecho, ese deseo por algo más es lo que impulsa a muchas personas a entrar en el trading. Una ambición bien dirigida es un motor poderoso que impulsa el aprendizaje, la disciplina y el seguir evolucionando.

Pero la diferencia es clara. La ambición se alimenta de planificación, estrategia y riesgos calculados. Se disfruta del proceso, se celebran los pequeños logros y se mira el crecimiento a largo plazo.

La avaricia, en cambio, genera ansiedad cuando no se cumplen las metas, hay miedo de perder lo acumulado, hay insatisfacción, estrés constante o decisiones impulsivas, guiadas solo por la ganancia inmediata sin considerar las consecuencias. Ese deseo sin límites, sin propósito ni conciencia, termina por destruir. Pregúntate:

- ¿Cuántas veces has arriesgado más de lo que puedes perder por querer una ganancia rápida?

- ¿Cuántas veces has ignorado las señales de riesgo solo por seguir operando?
- ¿Cuántas veces, aun con ganancia, no estas satisfecho y sigues sobre operando?

Si entraste por ambición al trading, no salgas por la avaricia. Si quieres hacer del trading una profesión y tu sustento de vida, la clave está en encontrar el equilibrio entre la ambición que te impulsa a mejorar y la avaricia que te lleva a tomar atajos peligrosos.

La ambición te motiva a perfeccionar tu estrategia y crecer de forma sostenible. La avaricia, en cambio, te empuja a arriesgar sin control y buscar ganancias rápidas sin considerar las consecuencias.

TRABAJA LA AVARICIA

El verdadero éxito en el trading no se construye con prisa, sino con paciencia y una mente entrenada. Cada mejoramiento requiere un proceso. No te lo saltes. La avaricia es un enemigo silencioso que lentamente conduce a errores fatales.

Si, es más fácil decirlo que hacerlo. Sobre todo, cuando la euforia al ganar refuerza el deseo de seguir arriesgando sin control. Pero incluso ese impulso puede transformarse en motor, si se aprende a dirigir. ¿Cómo hacerlo?

Paso #1.- Agradece. El agradecimiento por lo que ya tienes reduce la necesidad compulsiva de querer más sin medir consecuencias. Agradece poder dedicarte al trading cuando era una profesión que solo pocos podían ejercer hace algunos años. Agradece por la información que hoy está al alcance, por un día positivo o incluso por las oportunidades que el mercado brinda cada día.

Cuando te enfocas en lo que posees y planeas con calma lo que deseas conseguir, no solo proteges tu capital, sino que también fortaleces tu rendimiento a largo plazo.

Paso #2.- Aprende a tolerar la incomodidad de no ganar. Algunos días el mercado ofrece oportunidades y otros, no. Si el día de hoy no hay una, Acéptalo. Quizá mañana la haya.

Si logras estar consciente cuando llega la sensación de frustración por no ganar, estas ante una oportunidad valiosa: decidir qué hacer con esa emoción. ¿La reconoces y la guías de manera saludable? ¿O te lanzas a operar sin control para compensar?

Paso #3.- Establece metas realistas de acuerdo con tu experiencia y proceso. Buscar hacerte millonario en un mes es una trampa. Solo genera presión, decisiones impulsivas y agotamiento.

Establecer metas diarias o semanales de acuerdo con tu experiencia, te ayuda a evitar el sobre operar por codicia. Con el tiempo y la práctica, esas metas o ganancias crecerán naturalmente. No fuerces el proceso.

Paso #4.- Identifica que hay detrás de tu avaricia. ¿Buscas adrenalina, validación, reconocimiento? ¿Temes a la escasez, el fracaso o no ser suficiente? Responder con honestidad a estas preguntas puede revelar que emociones realmente te gobiernan.

En el trading, la avaricia se manifiesta en la incapacidad de tomar ganancias cuando es prudente o en la obsesión de acumular más. Si no controlas ese impulso, poco a poco se crea una desensibilización emocional. Acabaras tomando decisiones cada vez más arriesgadas y alejándote de tu propósito.

Paso #5.- Evalúa tus expectativas y crea tu propia definición de éxito. Ten claro cuánto es suficiente para ti. No midas tu valor comparándote con otros. Cuando defines tus propios límites, tomas decisiones más racionales y reduces la presión de acumular por acumular.

Todos los traders, en algún momento, sentimos la sombra de la avaricia. Es parte de la naturaleza humana y del entorno competitivo en el que se desenvuelve el trading.

No se trata de negarla, sino de reconocerla y convivir con ella, reconociendo los miedos y vacíos personales que la alimentan. Solo a través de la consciencia, la disciplina, la gestión rigurosa del riesgo y evaluación honesta, se puede transformar esa energía destructiva en una fuerza que juegue a tu favor.

Así que no te castigues por sentir avaricia. Reconócela, contrólala y sigue avanzando. Acumular más no te hará mejor trader, porque al final… el verdadero poder no está en tener más, sino en saber cuándo ya es suficiente.

ES MOMENTO DE:

I.- Llevar un diario de trading y pedir un análisis psicológico a Polo AI de la plataforma de Primero Trader para identificar patrones de comportamiento impulsivo. Cuando estes en un trade, analiza qué tanta tolerancia tienes a la incertidumbre o después de lograr tu meta, qué tan satisfecho te sientes. Reflexiona.

II.- Reconocer y estar consciente del deseo insaciable de seguir acumulando después de una ganancia. Recuerda que una cosa es la ambición que te impulsa a una siguiente meta y otra muy distinta es la avaricia que te empuja a decisiones precipitadas y destructivas.

III.- Entender que no gana el que más arriesga, sino el que sabe cuándo parar y disfrutar de una ganancia y un momento de triunfo. Considera tu bienestar mental, estabilidad emocional y tu propósito en el trading.

El trading no se compra... se construye

SOMBRA 9

Culpas & Culpables

CAPÍTULO 9

"El hombre superior se culpa a sí mismo.

El hombre inferior culpa a los demás."

- Don Shula -

LA CULPA, ES UNA EMOCIÓN MORAL COMPLEJA que surge cuando una persona cree o se da cuenta de que ha transgredido sus propios valores, principios o normas sociales importantes. Desde un punto de vista neuropsicológico es la que activa regiones cerebrales relacionadas con la regulación emocional, la toma de decisiones morales y la empatía.

En tu camino como trader, la sombra de la culpa va a surgir en diferentes formas y por diversas razones. Culpa por vender antes de tiempo, por no comprar en el momento indicado, por invertir tu dinero o por no invertir lo suficiente, por dedicar demasiado tiempo al trading, por no cumplir tus metas o las expectativas de los demás, incluso culpa cuando tu *comportamiento se desvía del trader que tú crees que deberías ser.*

La culpa, a pesar de considerarse una emoción desagradable porque hay una desconexión entre nuestras acciones y estándares éticos, puede llegar a ser una gran señal interna poderosa que nos permite ajustar nuestro comportamiento. El desafío consiste en aceptar cuando nosotros mismos somos la causa de esa emoción.

La tendencia natural cuando se siente la incomodidad de la culpa es buscar un culpable externo para aliviarla, en lugar de asumir la responsabilidad propia. Como trader, es muy común que cuando llegas a ganar en alguna operación, automáticamente te atribuyes el éxito a ti mismo y a tus habilidades, pero si llegas a perder, el culpable es el mercado, el bróker, la plataforma, el tiempo, las noticias, el sistema, el gurú u otra circunstancia.

El reconocido psicólogo Daniel Kahneman, ganador del premio Nobel de economía, explica cómo nuestro cerebro comete errores de juicio: tendemos a atribuir los fracasos a factores externos y los éxitos a nuestra propia habilidad, sin considerar la responsabilidad personal. Este mecanismo de defensa, profundamente arraigado, pasa desapercibido en el día a día.

Además de que reconocer un error no es agradable: hay dolor, vergüenza, miedo al juicio externo, por lo que es más sencillo culpar a otros. El desafío real es que, al buscar culpables en lugar de admitir nuestros errores, perdemos la oportunidad de identificar las áreas donde podemos mejorar.

Si a esto sumamos que algunas de las decisiones y acciones son por la necesidad de aprobación o aceptación ajena, el aceptar un error se vuelve aún más desafiante.

IMPULSIVIDAD

Algunas veces la culpa surge por la precipitación al tomar decisiones. El no tomarse el tiempo de pensar antes de actuar, no anticipar las consecuencias a largo plazo o ignorar cómo afectará una acción en el futuro aumenta la probabilidad de sentir culpa.

Ahora imagina eso en el mundo del trading, la velocidad con la que se vive, los cambios de precio, las compras o ventas hechas en segundos que pueden significar oportunidades de ganancias o pérdidas intensifican este fenómeno.

Ese riesgo activa el miedo y la ansiedad, y muchas veces conduce a acciones impulsivas. Se toman entradas precipitadas o emocionales, salidas no planificadas, mal manejo de riesgo o incumplimiento de tu plan, provocando culpa.

Además, nuestras experiencias pasadas, creencias ya establecidas, percepción de la realidad y atajos mentales influyen en la interpretación de la información nueva. Esto en la psicología cognitiva conductual se conoce como "sesgos cognitivos".

Como seres humanos tenemos tendencia a buscar, interpretar y recordar información que confirme lo que ya creemos como cierto para tomar decisiones rápidamente. Sin embargo, esa rapidez de decisión puede distorsionar nuestro juicio y llevarnos a cometer errores.

Si un trader experimenta ganancias continuas, puede desarrollar una creencia de que el trading es así todo el tiempo. Puede sobreestimar su control de riesgo, nueva información o los cambios de tendencia en el mercado, afectando la objetividad y racionalidad en sus decisiones.

El cerebro es una herramienta maravillosa, pero tiene una capacidad limitada para procesar toda la información disponible y tomar decisiones perfectas en segundos. Como principiante en el trading, cometer errores es inevitable, tanto al interpretar datos como al manejar emociones dentro de un trade. La posibilidad de ganar o perder afecta la forma de pensar, razonar y decidir.

No te autocastigues cuando sientas culpa. Reconocer tus sesgos y atajos mentales te dará ventaja para minimizarlos y mejorar tu toma de decisiones a medida que avanzas como trader.

¡Veamos!

RECONOCE Y ACEPTA

En el trading, reconocer tus errores cuanto antes es clave para rectificar y evolucionar. El negar la culpa o buscar culpables solo para proteger el ego o la imagen ante los demás, alarga el camino hacia la rentabilidad estable.

Asumir la responsabilidad de tus acciones requiere madurez emocional. Aceptar que operaste por FOMO, ego, presión, venganza, rabia o simple adicción al trading genera incomodidad, pero también aprendizaje.

En esos momentos que las emociones te invadan y busques un alivio rápido, detente. Respira y pregúntate:

- ¿Cuál es mi responsabilidad en esta situación?
- ¿Qué me cuesta aceptar?
- ¿Estoy buscando culpables porque me duele asumir que cometí un error?

Lidiar con la sombra de la culpa requiere de valentía. Aceptar las consecuencias de tus acciones, incluso cuando generan vergüenza, frustración o arrepentimiento, te coloca un paso adelante de quienes culpan a otro o las circunstancias y repiten los mismos errores una y otra vez.

Ahora, aceptar las consecuencias de tus acciones con responsabilidad no significa autocastigarte mental o emocionalmente, sino observar la emoción sin reaccionar impulsivamente. En el trading, vas a tomar decisiones muy rápido y algunas no serán las más adecuadas. Recuerda que estás aprendiendo y no definen tu resultado final.

No huyas de cada una de tus versiones; con madurez y honestidad, comprende los motivos detrás de tus decisiones y evoluciona.

SIN APROBACION

La búsqueda de aprobación también alimenta la sombra de la culpa. En trading, muchos creen que su valor depende únicamente de los resultados que obtienen. El deseo de hacer del trading una profesión solida se combina con la presión de obtener ganancias inmediatas.

Esa constante necesidad de aceptación ajena genera culpas innecesarias cuando los resultados no coinciden con nuestras expectativas.

Actuar solo para obtener la aceptación ajena, aumenta el miedo a fracasar y el malestar emocional. No busques aprobación externa, especialmente al inicio. Recuerda que la gran mayoría de traders no obtiene resultados sobresalientes al principio; se requiere tiempo y esfuerzo.

Por otro lado, el exceso de éxito también puede generar culpa. Cuando logras ganancias rápidas o resultados excepcionales, puede surgir el autosabotaje por sentir que no te lo mereces o temor al juicio de otros.

En ocasiones, no te permites disfrutar y celebrar tus triunfos por miedo al rechazo, el juicio o lo que tu éxito puede provocar en los demás. No te minimices por miedo.

Desafortunadamente, el deseo de aprobación afecta la confianza, la toma de decisiones futuras, aumenta la incertidumbre, miedo o indecisión. Evita caer en la sombra de la culpa por factores externos.

RESPONSABILIDAD

El antídoto más poderoso contra la culpa es la responsabilidad. Sin importar la situación, fracaso o resultado, no aceptes la salida rápida que tu mente te ofrece que es la de culpar a otros o las circunstancias. Asumir responsabilidad de tus acciones y decisiones te da control y crecimiento.

Si, culpar a otros calma tu malestar mental o emocional momentáneamente, pero limita tu desarrollo personal y profesional. Si, es más fácil buscar excusas que asumir responsabilidad, pero hacerlo evita repetir errores que de otra forma no se reconocen.

Se le huye tanto a la responsabilidad como si fuera algo perjudicial, cuando es lo único que puede dar la oportunidad de aceptar las fallas y corregirlas. Es solo la responsabilidad la que brinda esos momentos de aprendizaje para reflexionar y crear un cambio duradero.

Reconoce que todos cometemos errores; negarlos afecta tu desempeño como trader. Tomar responsabilidad requiere esfuerzo, sobre todo cuando se lucha contra nuestra forma de ser o se acepta que no hay control alguno sobre lo que pasa en el mercado.

En el trading, es crucial reconocer cuanto antes cuando fallas. El momento que tomas responsabilidad con todos sus aciertos y consecuencias, sin castigarte o culparte, tu fuerza interior y mentalidad se fortalecen. Esto te permite evolucionar, mejorar estrategias y tomar decisiones más objetivas y conscientes.

Al final, el beneficio es para ti…

ENTIENDES QUE...

1) La culpa puede ser un anclaje o la alerta para mejorar como trader. El culpar a otros o las circunstancias por tu progreso, hace el camino del trading más doloroso. Sin embargo, el admitir las equivocaciones lo más pronto posible, ayuda a identificar las áreas donde se puede mejorar.

2) El conocer y estar conscientes de tus atajos mentales o sesgos cognitivos, te dará una ventaja para minimizarlos y tomar decisiones más racionales u objetivas. El lidiar con la sombra de la culpa requiere de valentía.

3) Tu interpretación de lo que vives, lo que crees y quieres que pase, influye en el grado de culpa que sientes. Entre más responsabilidad tomes por lo que piensas, haces, dices y sientes, más probabilidad tienes de tomar el control de tu vida.

El mejor antídoto para la culpa es la responsabilidad

SOMBRA 10

El Inevitable Cambio

CAPÍTULO 10

"Nadie se baña en el rio dos veces porque todo cambia en el río y en el que se baña."

- Heráclito -

EL TRADING VIENE CON CAMBIOS IMPORTANTES. Lo quieras o no, va a cambiar tu vida, tu forma de pensar, actuar y ser. No importa si el cambio se busca o llega sin aviso, en ambos casos, moldea tu vida por completo y puede generar inestabilidad emocional, psicológica, financiera o mental.

Incluso cuando un cambio es necesario o trae beneficios personales, suele venir acompañado de frustración, incertidumbre, culpa y dolor. No se puede evitar. Sin embargo, si existen formas de lidiar con la sombra del cambio. Una de ellas es *resistiéndote:* aferrarse a viejos hábitos y creencias ya impuestas, actuando desde el miedo y el apego. Otra forma es *reaccionando:* responder emocionalmente cuando te saca de tu zona de comodidad o cuando se cambia la jugada o no tienes otra opción que aceptarlo. La tercera, y la más recomendada, es *iniciar:* o *provocar* tú mismo ese cambio, tomas el control y eliges como quieres que suceda.

Cuando eliges cambiar por decisión propia y tú mismo ajustas tu forma de vivir, la incomodidad es menor. Entiendes que habrá momentos desafiantes, pero los enfrentas con gusto porque sabes que hay un propósito detrás.

CAMBIO & TRADING

El trading exige acción constante, flexibilidad mental para decidir rápido, confiar cuando no hay certezas, asumir responsabilidad total de los resultados, dejar excusas y evolucionar de manera continua. Todo eso es posible solo con un cambio mental profundo. Más que un cambio, se trata de una transformación completa de tu ser.

El mercado es frío y no espera a nadie, te adaptas o te saca. Si no transformas tu mentalidad al entrar al mundo del trading, tu proceso se vuelve más desafiante. No solo porque tienes que adaptarte a un nuevo lenguaje y procesar información a gran velocidad, sino también tienes que lidiar con emociones que quizá nunca habías experimentado. A eso se suma tener la capacidad de reponerte rápido de las pérdidas o evitar autosabotearse con las ganancias.

Un verdadero cambio en el trading va más allá de aprender estrategias, levantarte temprano o adoptar nuevos hábitos. Requiere moldear tu mente y tu carácter para mantener el enfoque en los momentos de una crisis emocional y cuando estés bajo presión. ¿Cómo lograrlo?

La calve está en la consciencia. No hay cambio duradero y sólido sin la claridad de lo que estás haciendo y está sucediendo a tu alrededor. Cuando estás consciente de tu propia existencia y de cada uno de tus actos o decisiones, te sientes en control y el miedo a lo desconocido pierde su fuerza. Además de que las posibilidades de tener éxito en el trading aumentan considerablemente.

La consciencia plena es una gran herramienta transformadora que te permite *actuar desde la elección y no por el impulso de un momento.*

CONSCIENCIA PLENA

Conforme avances en tu carrera como trader, descubrirás que uno de los cambios más importantes que puedes provocar es la forma en que *tomas decisiones*. Algunas serán sencillas, otras no tanto. Por ejemplo, desde elegir qué mercado vas a operar, cuanto capital invertir, que riesgo asumir, cuánto tiempo le vas a dedicar al trading, cómo diversificar, como reaccionar si tu estrategia falla, si pierdes tu inversión, si los resultados tardan en llegar y otras más.

Si tomas consciencia y te preparas mentalmente para estas decisiones, el cambio se vuelve más ligero. Una consciencia plena de lo que eliges y del porqué de tus elecciones te da poder. En el trading, actuar por impulso deja de ser una opción.

No esperes a que la sombra del cambio te sorprenda y te obligue a decidir precipitadamente o bajo la sobra del miedo o ansiedad. Así que, antes de tomar una decisión por muy sencilla que sea, pregúntate:

¿De verdad quiero hacer eso?
¿Es lo más adecuado o lo más fácil?
¿Qué consecuencias tendrá a largo plazo?

Este cuestionamiento entrena a tu mente para identificar rutas de acción inteligentes y te prepara mentalmente para tomar decisiones conscientemente, alineadas con tu plan y objetivos. Además, el tomar consciencia antes de actuar, te permite pausar mentalmente, evaluar con frialdad las consecuencias de cada acción y te da mayor claridad cuando estás bajo presión.

Otra manera de cultivar consciencia es *observar cómo reaccionas*. Por ejemplo:

-*Cuando te juzgan.* Al iniciar en el trading, muchos no entenderán tus decisiones; algunos se burlarán o intentarán hacerte dudar.

-*Cuando cometes un error.* Tu reacción frente al fallo refleja tu nivel de autocontrol y el concepto que tienes de ti mismo.

-*Cuando tienes pérdidas.* En el trading, quizá tengas solo pérdidas al principio. Observa que piensas, que sientes y que relación tienes con el dinero.

El entender cómo reaccionas a través de la observación abre la puerta a reconocer y aceptar actitudes que normalmente rechazarías por no entenderlas. Después, tú decides si quieres transformarlas o seguir autoengañándote.

Por supuesto, este es un proceso que requiere de mucha paciencia, incomodidad y recordarte una y otra vez volver al momento presente.

Si estás consciente de que para avanzar como trader, necesitas cambiar tu manera de pensar y actuar, cualquier esfuerzo vale la pena realizarlo. Decide crear ese cambio tú mismo, no esperes a que las circunstancias te obliguen a hacerlo porque entonces sí será más lento y doloroso tu proceso.

No subestimes el poder que tienes y tu capacidad infinita de cambiar por decisión propia. ¿Te va a costar? Claro que sí. ¿Va a ser incómodo? Por supuesto.

Cualquier cambio trae incomodidad y culpa por soltar lo que quizá ya no te funciona. Te reta a verte tal como eres con tus miedos, sombras y defectos. En el trading, lo experimentarás continuamente, pero una consciencia clara te invita a aceptarlos y modificarlos en lugar de huir de ellos.

RETROCEDE

Si no sabes por donde empezar, imagina como seria tu mejor versión como trader.

¿Cómo lleva su vida diaria?

¿Qué hábitos mantiene?

¿Cómo piensa?

¿Cuál es su relación con el dinero?

¿Cómo se enfrenta los desafíos?

¿Cómo actúa bajo presión?

Con esa visión más clara del trader que quieres ser, haz una lista de las cualidades, habilidades, hábitos que necesitas desarrollar y comienza a trabajar en ellos.

Digamos que admiras la paciencia en un trader, pero tú no lo eres, búscate oportunidades que te obliguen a ser paciente hasta que se convierta en una habilidad. Quizá, para ti un buen trader es flexible y no busca el resultado perfecto, ¿cómo puedes desarrollar tu esa mentalidad? ¿Cómo puedes aceptar resultados imperfectos y adaptarte sin rigidez?

El evitar la sombra del cambio por miedo, apego o solo reaccionas a él cuando ya es inevitable te aleja de esa mejor versión de ti como trader.

Los cambios, aunque incomodos son necesarios para evolucionar, aunque traigan dolor. Crea en ti el cambio que necesitas para convertirte en el trader que sueñas ser.

Como trader, tu evolución es continua. No escondas aquello que no te gusta de ti, esperando que desaparezca, cámbialo. No necesitas permiso de nadie. Atrévete.

No permitas que la incomodidad de un momento te haga quedarte en el lugar en que estas.

Como se mencionó al principio de este capítulo:

- Si resistes al cambio, no avanzas
- Si solo reaccionas, sobrevives
- Si lo creas, creces

¿Quieres ser un mejor trader?

Aprende, *cambia*, mejora y crece…

NO TE DETENGAS

Clave #1 El cambio es inevitable en el trading. Aprende a adaptarte rápidamente a él o propicia tú mismo ese cambio. Decide y permítete cambiar tu forma de pensar, decidir y actuar, antes que las circunstancias te obliguen a hacerlo. Cada día tienes esa oportunidad.

Clave #2 Toma consciencia de donde estas y hacia donde te diriges como trader. La consciencia es clave en la construcción de tus metas porque te mantiene enfocado de lo que haces y porque lo haces.

Clave #3 Cuando los cambios lleguen a tu vida, algunas veces sin invitación y por sorpresa, reflexiona que está en tu control. Adáptate, modifica o cambia, pero sigue. No subestimes el gran poder que tienes para crear un cambio en ti y tu alrededor.

Actúa desde la elección y no el impulso del momento

SOMBRA 11

No Dudes

CAPÍTULO 11

"Concéntrese más en su deseo que en su duda, y el sueño se cuidará solo."

\- Mark Twain -

LA DUDA PUEDE SER EL PRINCIPIO O EL FINAL DE TU CARRERA COMO TRADER. Una pequeña duda fue suficiente para hacerme cuestionar si el trading era para mí... Y pudo haber sido esa misma duda la que me hiciera dejarlo por completo.

Mis primeros seis meses como trader fueron estresantes y llenos de ansiedad. No lograba tener constancia y solo veía pérdidas. Como psicóloga entendía que toda nueva habilidad requiere trabajo constante, entrenamiento y tiempo para que el cerebro asimile la información. Pero, aun con ese conocimiento, la sombra de la duda regresaba una y otra vez.

Llegue a cuestionar mi capacidad, mi deseo de ser trader y mis habilidades. Todo trader principiante, quizá, siente lo mismo alguna vez. Dudas cuando no ves resultados, cuando otros ganan y tu no, o cuando simplemente nada parece tener sentido. Entonces llega la desorientación, los miedos y las dudas toman el control.

La duda es uno de los obstáculos más desafiantes del ser humano, justamente por su paradoja. Por un lado, te paraliza y apaga tus sueños; por otro lado, te impulsa a cuestionarte, a imaginar nuevas posibilidades y a evolucionar. Pregúntate, ¿cuántas veces has iniciado o abandonado algo movido por tus dudas?

La duda va a surgir durante tu camino como trader, especialmente cuando las pérdidas golpeen o las ganancias se desvanezcan. Pero es justo en ese momento cuando más firme debe ser tu compromiso y convicción de ser un trader. Una simple duda puede marcar la diferencia entre el éxito o el fracaso.

ENEMIGOS O ALIADOS

Las dudas llegan sin avisar, por eso es importante estar preparado. Desarrollar estrategias sólidas para manejarlas te da ventaja. Cada vez que dudas de ti, entregas poder a la frustración, al miedo o al descontrol emocional. Prepárate, porque en esos momentos tus *pensamientos, emociones, comportamientos y biología* pueden convertirse en tus aliados… o en tus enemigos.

Comencemos con los *pensamientos.* Tus pensamientos son la voz que guía tus acciones. Si están bien orientados, impulsan tu trading; si no, te sabotean. Durante mis sesiones con traders, una de las estrategias más efectivas que les comparto es la de identificar los pensamientos automáticos: esas frases, ideas o historias que llegan sin aviso y suelen estar cargadas de miedo, codicia o revancha. Por ejemplo, cuando un trade va mal, quizá pienses:

- "Esto no va a funcionar"
- "Nunca voy a ser rentable"
- "El mercado está en mi contra"
- "Entro y todo comienza a caer"

- “Siempre pierdo”
- “Tengo que recuperar lo perdido”

Detente y pregúntate: ¿son pensamientos distorsionados, generalizados, exagerados o catastróficos?

Si es así, reemplazarlos por otros más objetivos:

- “el resultado no es como lo esperaba, voy a ajustar mi estrategia y aprender de esta situación”
- “estoy en proceso; los errores es parte del aprendizaje”
- “el mercado no está en mi contra, solo necesito más tiempo para entenderlo”
- “que puedo mejorar en este trade”
- “cada operación me da información”

En el capítulo tres, se mencionó la importancia de la historia que nos contamos. Una historia mental tiene el gran poder de hundirte o motivarte a seguir adelante. Si no se aprende a cambiar los pensamientos que te perjudican y ver las cosas tal como son, no solo abres la puerta a la duda, sino que empiezas a tejer una historia que te puede llevar al autosabotaje y desviarte de tu meta en el trading.

Mantente vigilante y cambia tus pensamientos a tu favor. Recuerda que lo que piensas, repites; lo que repites, creas. No permitas que una historia mental se convierta en tu realidad.

LAS EMOCIONES

Sigamos con las *emociones*. Cuando la sombra de la duda aparece, las emociones suelen amplificarla. Las emociones son energía y se manifiestan en tu cuerpo y tu mente. Se siente todo más grande, más pesado. Aprende a distanciarte emocionalmente.

Una estrategia poderosa es hablarte en tercera persona. Supongamos que estás en un mercado lento e indeciso y sientes un fuerte impulso de operar, aun cuando no hay oportunidades claras, o ves que otros están ganando y sientes FOMO. Puedes preguntarte:

- ¿Qué necesita (di tu nombre) Laura Evelia para tranquilizarse ahora?
- ¿Cuál es la decisión más adecuada que puede tomar (di tu nombre)?

Al hacerlo, creas un espacio entre tu y la emoción. Ese pequeño intervalo puede evitar decisiones impulsivas o por FOMO y darte el tiempo para pensar con claridad.

LOS COMPORTAMIENTOS

El siguiente punto son los *comportamientos*. Tus acciones revelan lo que piensas y sientes. En el trading, cuando dudas o todo parece fuera de control, tu comportamiento es clave. Este mejora o empeora tus resultados.

Una estrategia muy práctica es imaginar distintos escenarios antes de operar. Si pierdes, ¿cómo reaccionarias? ¿Qué pensarías de ti? ¿Qué harías después? ¿Qué decisión tomarías?

Visualizar tus respuestas te prepara emocionalmente y te da tolerancia anticipada. En el momento real puede que no actúes como lo planeaste, pero tu mente ya tendrá una referencia. La reacción de lo que te sucede define si solucionas el problema o te hundes en él. Sé sabio. No reacciones, date tiempo de pensar y responder con consciencia.

TU BIOLOGÍA

Finalmente, el descontrol mental y emocional genera un impacto directo en tu *organismo*. Si no sabes cómo manejar el enojo, la frustración o la ansiedad, hay aumento en tu ritmo cardíaco, tu tensión muscular, tu presión arterial, aumento de cortisol, dificultad para concentrarte, problemas digestivos, dolores de cabeza y alteración del sueño. Esa cascada fisiológica nubla la mente y reduce tu claridad como trader.

Una de las estrategias más rápidas que te ayudan a calmarte es la respiración. Úsala como tu herramienta para calmar tu mente y cuerpo. Haz respiraciones profundas e inhala por 4 segundos, mantén el aire 7 segundos y exhala por 8 segundos.

Repite varias veces para activar tu sistema nervioso parasimpático y logres sentir calma. No cambia el resultado, pero cambia tu estado. Y eso lo cambia todo.

La duda impacta lo que piensas, sientes, haces y cómo reacciona tu cuerpo. No le abras la puerta.

TU COMPROMISO

El antídoto de la duda es el compromiso. He conocido a muchas personas que decían con entusiasmo: "ahora sí voy a aprender trading", "este año empiezo en serio." Pero su compromiso se desvanecía ante la primera pérdida, el no sentir apoyo, el comentario de alguien o la falta de resultados rápido. Buscaban comodidad antes que crecimiento.

Los que lo logran, en cambio, son los que se comprometen de verdad consigo mismos, sin depender de la aprobación ni de las circunstancias.

El compromiso nace dentro de ti, se fortalece con tus hábitos y se demuestra con tu disciplina. Dentro de la comunidad de Primero Trader es alentador ver a tantas personas comprometidas con sus propósitos y objetivos. Personas con diferentes historias de vida, personalidades y desafíos, pero con una sola meta, hacer del trading su profesión. ¿Dudan y se frustran? claro que sí, como todos lo hemos hecho, pero siguen adelante.

Crea hábitos e identifica los pasos necesarios para tomar acción a pesar de tus dudas . Crea ese compromiso día a día: en la lectura, la estrategia, la respiración, las notas de tu diario de trading y los momentos de reflexión o meditación.

Si quieres tener éxito como trader, haz de la disciplina tu mejor aliada. No esperes que sea fácil o que todos te apoyen. Aun si no alcanzas tus metas exactamente cómo quieres, habrás ganado más de lo que tenías y, sobre todo, habrás vencido la sombra de la duda.

Ese es el gran poder del compromiso. Te mantiene constante y disciplinado. Te permite cuestionar tus pensamientos, lidiar con tus emociones, corregir los comportamientos y protegerte.

La duda te va a ser creer que no estás listo, aún así, sigue. Ten fe en ti mismo y en tu capacidad de lograr tus objetivos en el trading. Sobre todo, rompe tu ciclo de comodidad. Tal como lo menciono en mi libro, "El éxito lo diseñas tu": "en el grado que te comprometas contigo mismo y tus metas, así será el grado del éxito que alcanzarás. *Si tu compromiso es débil y se tambalea ante cualquier desafío, error o culpa, tu éxito será de la misma forma: débil y fugaz."*

La duda puede aparecer mil veces, pero tu compromiso solo necesita ganar una batalla para cambiarlo todo…

CUANDO LLEGA LA DUDA

#1 Identifica los momentos en los que más has dudado de ti. Pregúntate, ¿llegó por algún pensamiento, una emoción o el comentario de alguien más? Muchas veces se absorbe y se carga con las dudas ajenas. Es momento de recuperar tu propio valor y estar consciente de lo que eres capaz de lograr.

#2 El compromiso que tengas contigo mismo y tus resultados hará más ligera la batalla con la sombra de la duda. No vas a salir triunfador todo el tiempo, pero estarás más consciente de tus acciones y decisiones y eso es una gran ventaja.

#3 La duda puede impulsar o terminar tu carrera como trader. Prepárate y desarrolla estrategias sólidas de cómo actuar cuando te lleguen. Responde con consciencia. No es momento de dudar, algunas oportunidades no se repiten...

El antídoto para la duda es el compromiso

SOMBRA 12

Comprométete

CAPÍTULO 12

"No hay denuncia verdadera sin compromiso de transformación, ni compromiso sin acción"

\- Paulo Freire -

EL TOMAR UNA DECISIÓN NUNCA ES FÁCIL, especialmente cuando desconoces el resultado final. El entrar al fascinante mundo del trading, donde los miedos, dudas, e indecisión aparecen constantemente y los resultados rara vez son los esperados, es aún más desafiante.

Si ya decidiste dar este paso, la única fuerza que te permitirá seguir adelante cuando todo se complique será tu compromiso contigo mismo y con tu meta. *El compromiso es lo que te impulsa a continuar cuando las ganas faltan y las excusas sobran.*

Será tu compromiso el que te levante cuando todo parece ir en tu contra. En el trading, tendrás muchos de esos días, momentos de crisis donde:

- Sientes pavor de dejar una posición abierta porque no sabes lo que puede pasar.

- Al perder una cantidad importante, sientes ese dolor en el pecho y esa angustia al pensar que ese dinero nunca volverá.

- El tener la esperanza que un trade salga a tu favor y ocurre todo lo contrario. Duele no tener la razón.

- Cuando pones todo tu esfuerzo y no hay progreso alguno.

Son estas pequeñas crisis, dentro del trading, cuando te sientes sin esperanza, estancado, triste o frustrado que el *poder del compromiso* lo cambia todo.

Cuando decides de forma consciente y hay una profunda convicción de que eres capaz de lograrlo, el resultado se convierte en una consecuencia inevitable: ya no hay excusas, quejas ni dudas, solo determinación y pasos firmes hacia tu objetivo.

CONVICCIÓN

El compromiso se fortalece con la convicción, la seguridad de que pondrás todo tu enfoque y energía en lograr tu meta. No importa cuánto tiempo lleve, ni las circunstancias que enfrentes o como se te ponga a prueba. Estás comprometido con tus resultados.

Ese compromiso, te hará evaluar tus metas, deseos, actitudes y comportamientos, exigiendo una transformación profunda. No hay intentos. Solo acción y determinación.

En el trading, este nivel de compromiso es imprescindible para lograr resultados. Algo que el 99% de los nuevos traders no lo desarrolla y fracasa o se dan por vencidos antes de tiempo.

Ahora, ese compromiso no solo implica el decidir hacer trading. No, es un compromiso también con todas las demás áreas de tu vida que en cierta forma son afectadas como tus relaciones, salud, trabajo, educación y crecimiento personal. El tiempo que le vas a dedicar al trading, se lo vas a quitar a otras actividades.

El estar consciente y reconocer los sacrificios que implica tu decisión te prepara para enfrentarlos con claridad. Esta etapa se suele pasar por alto y no se contempla el tiempo y disciplina que requiere el trading.

Desde luego el compromiso es solo por un cierto tiempo, mientras aprendes, prácticas y capitalizas de forma constante. Si tienes pareja, es recomendable comunicar tu objetivo y buscar la forma de apoyarse mutuamente.

Cuando Edgar Cruz decidió hacer trading a tiempo completo, analizamos juntos los pros y contras. Requería dejar su empleo y su zona de confort. Su convicción y compromiso fueron tan claros que me dieron seguridad para acompañarlo en la aventura. No fue una decisión fácil, pero una vez que se tomó, no hubo dudas de que se iba a lograr.

Reflexiona: ¿con quién tienes que hablar? ¿Quién te apoyará en este camino?

Entre más claro tengas tu *propósito,* más fuerte será tu compromiso. Demuéstrate a ti mismo de lo que eres capaz, desarrollando una convicción sólida con cada elección que haces. *El compromiso se alimenta del propósito y el propósito se fortalece con la convicción.*

ELEVA TUS ESTÁNDARES

¿Cuánto tiempo has esperado para comprometerte de lleno en el trading? El compromiso se construye día a día. No depende de tener ganas, señales claras, un mercado alcista o comodidad. Depende de decidir quién quieres ser cuando haces trading y actuar como esa persona todos los días.

En el momento que te decidas, no habrá obstáculo alguno que te haga dudar. Pero es una decisión que solo tú puedes tomar y ejecutar porque es la que construye tu destino. ¿Cómo tomarla?

Una de las formas más poderosas es elevando tus estándares. Un estándar es el límite mínimo que estás dispuesto a aceptar en cualquier área de tu vida. Es la guía personal que define cómo vives, qué permites y cómo actúas cada día. Cuanto más altos tengas tus estándares, más alineadas estarán tus decisiones.

En el trading, tus estándares determinan:

- Tiempo mínimo dedicado al aprendizaje y práctica
- Límites de riesgo y capital invertido
- Acciones diarias, como leer artículos, analizar trades, registrar tu diario de trading, hacer análisis técnico o fundamental, informarse de acontecimientos que afecten la bolsa o estudiar los mercados.

Cada estándar que defines crea tu identidad y te acerca o aleja de tus metas. Aunque los resultados no siempre sean los esperados, los estándares actúan como brújula en momentos difíciles. Es tu punto de partida hacia donde deseas llegar.

Pregúntate, ¿Cuáles son mis estándares en trading? ¿Qué estoy dispuesto a aceptar como mínimo para alcanzar mis metas?

CULTIVA EL AMBIENTE ADECUADO

El entorno importa. Sé sabio al escoger el ambiente en que te quieres desarrollar como trader y con quién compartes tus planes mientras estás aprendiendo trading. Ten claro que no todos tus conocidos querrán verte triunfar, incluyendo amigos o familiares. Algunos incluso, te desanimarán o te harán dudar de ti cuando entras al mundo del trading. Reconocer esto es parte del reto.

El ambiente influye de forma consciente e inconscientemente. Así que rodéate de personas comprometidas con sus objetivos, que te inspiren y desafíen a mejorar.

Evalúa a la gente que está a tu alrededor, ¿te apoyan? ¿te inspiran? ¿te impulsan a cumplir tus metas? ¿son comprometidas?

El cultivar relaciones con personas que tienen el mismo nivel de compromiso, te motiva y eleva tu mentalidad. Traders comprometidos comprenden que los obstáculos son recordatorios de crecimiento. No hay lugar para excusas ni culpas.

Comprométete a escoger un ambiente profesional e identificar aliados que te quieren ver triunfar y son fuentes de inspiración.

CELEBRA CADA PASO

El camino del trading no será cómodo. Hay temporadas desafiantes para operar y otras fáciles. Si tienes momentos en el que todo te sale tal como lo planeas celebra cada logro, por pequeño que sea.

No esperes a tener ganancias exorbitantes para celebrar o agradecer. Incluso *un día sin ganancia, pero sin pérdida, también es un logro.*

El compromiso se refuerza con disciplina y reconocimiento de tus propios avances. Cada paso, cada acción, cada pequeño triunfo que tengas, tómalo en cuenta y agradécelo.

A veces llegamos a obsesionarnos con cumplir la meta diaria o tener solo días positivos. En esa lucha por conseguirlo, se pierde más de lo que se gana. Se pasa por alto la estrategia, se queman cuentas o se pierde la confianza en uno mismo al operar.

Comprométete a hacer flexible y a adaptarte a los sucesos que no están bajo tu control. Pero, sobre todo, se sabio y protege tu capital cuando el mercado no da señales claras u oportunidades visibles. No hay necesidad de ese desgaste mental y emocional cuando mañana hay otra oportunidad.

Si quieres éxito en el trading aprende a caerte y levantarte. Aprende de lo días negativos durante tu proceso de aprendizaje. Evalúa que se hizo y como se puede mejorar. La forma en que respondes y agradeces lo que aprendes fortalece tu carácter y refuerza tu convicción y compromiso.

El comprometerte contigo mismo a ser el mejor trader que puedes llegar a ser, es un acto de amor propio y de confianza. Cumplir con ese compromiso día tras día, aun cuando nadie te esté aplaudiendo, es lo que reforzará la fe en ti y te hará único.

Recuerda, *el compromiso no significa perfección, sino persistencia.*

¿SABIAS QUE?

Una simple decisión: Puede cambiarlo todo. Cuando tomas una decisión y te comprometes, puede cambiar tu trading, tu estrategia, tu forma de percibir las cosas, tu vida entera. Compromete y actúa.

Tu ambiente influye: Cuando estás aprendiendo trading o ya tienes experiencia, es importante tener asociación con personas con los mismos objetivos que tú, comprometidas a ser traders rentables e independientes.

Tu compromiso: Se fortalece con tu convicción y una confianza firme que lograrás tu meta. Cuando te comprometes a seguir adelante a pesar de lo que se te presente, no habrá obstáculo alguno que te haga dudar. Eleva tus estándares y define cuál es tu propósito final en el trading y síguelo.

El compromiso comienza con uno mismo

Conclusión

Por ti y Para ti

"La victoria más difícil es
la victoria sobre uno mismo."
- Aristóteles -

EL TRADING TE DARÁ, TE QUITARÁ, PERO NO TE DEJARÁ IGUAL. Durante el tiempo que lo practiques será un gran maestro. Te mostrará personalidades, emociones, pensamientos y facetas que quizás no sabías que existían en ti.

Ya sea que elijas el trading como tu profesión o descubras que no es tu camino, aprovecha el tiempo y el autoconocimiento que te brinda. Sobre todo, permite que te revele esa parte de ti que aún no conoces y que puede beneficiarte en todas las áreas de tu vida.

Es bien dicho que el trading no es para todos. Crea inseguridades, te pone a prueba, te reta, te doblega, te motiva y te derrumba. Te da felicidad y dolor al mismo tiempo. Un día te hace sentir el rey del mundo y al siguiente minuto el más desafortunado de la tierra. Saca lo mejor o lo peor de ti, pero si logras entenderlo y dominarlo, también te ofrece recompensas que trascienden lo económico.

No sé si el trading es para ti; eso solo lo tú puedes descubrirlo. Pero si te das la oportunidad y lo intentas, atesora el aprendizaje. Aquí te comparto algunas ideas, que en su momento me ayudaron:

-*Obsérvate.* Nota cómo actúas, piensas y sientes sin juzgarte ni etiquetar tus resultados como buenos o malos. Estás aprendiendo.

-*Reconoce tus patrones.* Identifica actitudes, pensamientos, historias o decisiones que se repiten una y otra vez. Detectarlos a tiempo puede ahorrarte muchos tropiezos.

-*Mira tus emociones.* Detecta tus momentos de culpa, rabia o decepción, y observa como reaccionas cuando todo parece derrumbarse. Pregúntate: ¿qué te mantiene a flote?

-*Mejora tu relación con el dinero.* Si sientes culpa por ganarlo rápido o sin "sufrimiento" o "esfuerzo", hay un bloqueo interno. Descúbrelo. Pregúntate, ¿porque me siento así?, ¿por qué siento culpa?, ¿por qué creo que no me lo merezco? Resolverlo te evitará muchas pérdidas por autosabotaje.

-*Aprende a respirar.* Una respiración a tiempo evita decisiones impulsivas y riesgos innecesarios. Cuando la respiración se calma, la mente también lo hace…

No importa si haces trading por un mes, un año o toda una vida. Si decides hacer del trading tu profesión, hazlo por ti y para ti.

Muchas personas comienzan prometiéndole a sus padres, pareja u otras personas que lo lograrán. No. La promesa y el compromiso debe ser contigo mismo. Es un acto individual.

En el trading no hay acompañantes. Solo tu y el compromiso de lograrlo. Tú eres quien aprieta ese botón y el que decide renunciar o continuar.

Si lo haces cargando las expectativas ajenas, la presión será aún mayor y cuando no se logra, los reproches pueden derrumbarte. Al final, el beneficio de tu éxito será para todos los que te rodean, pero todo comienza en ti.

No conviertas el trading en un pasatiempo. Estudia, prepárate, practica. Cada operación, ganancia, pérdida, pensamiento o emoción te brinda un mensaje. Escúchalo. Y cuando cometas errores, asume la responsabilidad: acepta, aprende y ajusta. Sin reclamos, sin dramatismo, autocastigos o excusas.

¿Habrá obstáculos en tu camino? Claro que sí. Algunos los superaras pronto, otros te tomaran tiempo. Las sombras de la duda, el miedo, la recompensa inmediata, el ego, la comparación, la avaricia, el compromiso, la impaciencia, la culpa, la duda, el cambio y el autosabotaje serán tus compañeros por mucho tiempo. Haz las paces con ellos.

Tal vez sacrifiques tu tranquilidad por unos años mientras construyes algo duradero en el trading, pero nunca creas que no puedes lograrlo. No hay camino corto para construir algo grande y exitoso. Requiere renovación constante: de tu mente, de tus emociones y de tu manera de actuar.

No existen atajos, secretos, ni fórmulas mágicas en el trading. Es un proceso lleno de sombras en el camino y exige todo de ti.

No seas una de las miles de personas que intentan cada año hacer trading y abandonan cuando alguna de estas sombras parece más fuerte que su propósito o la posibilidad de cambiar su vida.

Mi deseo para ti es que, con cada sombra, te conozcas más y descubras una versión más consciente, fuerte y decidida de ti mismo.

¡Al final, la decisión es tuya!

En el momento que enfrentes tus miedos y sombras, tus cadenas que te detienen se romperán…

Mis reflexiones de cada mes

Enero 2024

- Evita las historias catastróficas de lo que puede pasar. Eso te da la oportunidad de mantener la calma y no cometer locuras.
- No te rindas, no has aprendido esto "todavía".

Febrero 2024

- Aprende a controlar el riesgo. La avaricia no es buena consejera.
- El trading es un juego mental. No te rindas antes de tiempo.
- Estoy consciente de que hoy pude recuperar la pérdida y pasar la meta, otros días, tal vez no sea así y hay que lidiar con esas emociones.
- En el trading no hay secretos o atajos, hay habilidades. Pero se requiere de constante disciplina y enfoque para desarrollarlas y para ponerlas en práctica.
- No hay nada como la disciplina y el enfoque.

Marzo 20024

- No debo de multitask cuando tengo una posición abierta.
- Cuando hay una pérdida, entra la duda y el miedo de operar. Respira y vuelve otra vez a lo básico.
- Aprende a calcular tu riesgo.
- No vendas por miedo, vende porque es parte de tu estrategia.
- No cabe duda de que los errores se repiten una y otra vez. Hoy volví a cometer el mismo error por no calcular mi riesgo.
- El tener un calendario de trading te da la ventaja de entender tu proceso de aprendizaje.

Abril 2024

- Nunca te rindas. Si fallas, aprende y vuelve a intentarlo.
- Buenas o malas decisiones, de todo se aprende.
- Revisa tiempos altos, te puede ayudar.
- No debo esperar el mismo resultado de alguien con más experiencia.

- Las oportunidades están, solo hay que buscarlas.
- Paciencia, estoy aprendiendo.

Mayo 2024

- Mente enfocada para una nueva meta.
- Confía en tu intuición.
- La paciencia paga.
- El quedarme atrapada en una acción no es una sentencia.
- No dejes posiciones abiertas si no estás tranquila. El estrés no es gratis.
- Lo que resistes, persiste. Me resisto a dejar posiciones abiertas y es lo que he experimentado todos los días.
- Prepárate mentalmente para resistir la frustración.
- Sigue tu estrategia y cuida el riesgo.
- No te compares. Eso crea FOMO.

Junio 2024

- Es desafiante hacer trading con una cuenta de $3,000 dólares. Paciencia.

- Hacer trading con la vela de 5 minutos da otra perspectiva.
- Ten paciencia y cuida tu capital.
- No dejar trades abiertos sino voy a estar atenta a ellos.
- Cuidado con los errores por distracción. En lugar de comprar 300 acciones compre 3,000. Enfócate.
- Sigue tu plan, no el de alguien más.
- Va a llegar el momento en que todo hace sentido.
- Este mes aprendí que la práctica, la mentalidad y el control de riesgo son factores claves en el trading.

Julio 2024

- Date esos tiempos de descanso. Tu mente te lo agradece.
- Si el riesgo es alto, vende. No esperes a comprobarlo.
- El miedo te acompaña, dale la bienvenida.
- Si no hay oportunidades, no entres. Solo observa.
- Es interesante como la práctica, el enfoque y una meta clara pueden ir moldeando tu cerebro.

- Las penny stocks por debajo de $2 dólares son muy engañosas. Como pueden darte una buena entrada, como pueden caer sin aviso alguno y paralizarse.
- Mide tu riesgo. Cuida el capital.
- El llevar una cuenta de $3,000 a $25,000 es un reto desafiante y con mucho aprendizaje.
- Todo tiene su tiempo y proceso.
- Aprende a sentirte cómodo con lo incómodo.
- El camino del trading es desafiante. Está lleno de dudas, emociones, creencias y aprendizaje. Acéptalo.

Agosto 2024

- Respeta tu sector. Si te va bien, sigue ahí.
- Si ya tengo ganancia y la meta del día, salte. A menos que la oportunidad sea clara y tengas claridad mental.
- El escáner de Primero Trader es una maravilla.
- Se flexible ante el cambio y reacciona rápidamente.
- La disciplina y la práctica diaria tiene su recompensa.
- Cuando tienes una meta clara, protege a tu mente. No dejes que las dudas tomen fuerza.

Septiembre 2024

- Deja que termine el movimiento la vela.
- No compres de más, cuida tu riesgo. Acostúmbrate a las ganancias pequeñas mientras creces el capital.
- Es desafiante hacer un solo trade cuando se está acumulando capital. No te compares.
- Aprende a identificar las Bull flags.
- Calla tu mente y confía en tu análisis.

Octubre 2024

- Hay que tener la mente fría cuando se den las bajadas drásticas.
- Aprovecha cada spike porque puede ser el último.
- Puedes llegar a tu meta en unos segundos o pasarte todo el día tratando de salir del hoyo. Tú decides.
- Un solo trade puede darte la ganancia de todas las pérdidas que has tenido. Confía.
- No sigas operando si no te sientes segura de la decisión.
- Entiende tus monstruos internos.

Noviembre 2024

- No pierdas la paciencia.
- Empresas de menos de $1 dólar te da la ilusión que van hacia arriba y te cambian el patrón en segundos.
- En los días lentos también se aprende.

Diciembre 2024

- Distingue cuando un catalizador tiene poder.
- Siéntete cómoda cuando te equivocas, pero haz un cambio.
- Enfócate en ti y tu aprendizaje.
- Respira cuando este cayendo la posición y acomoda el trade.
- Todo lo que sube baja, pero muchas veces todo lo que baja nunca sube.
- La ambición es manejable, la avaricia no.
- El saber trading y profesionalizarlo es un privilegio, aprovéchalo.

Enero 2025

- Deja correr las velas.

- No pierdes hasta que vendes.
- No apagues la computadora cuando pierdas.
- Las pérdidas son parte del proceso, acéptalo.
- Escucha tu intuición.

Febrero 2025

- La percepción de lo que es malo o bueno es pasajera.
- Enfócate en lo que ofrece el mercado en este momento.
- Sigue la media de 200.
- Haz caso de lo que te indica Polo AI.
- Hay días que solo toca tomar ganancia y salir.

Marzo 2025

- En penny stocks hasta el último minuto cuenta.
- Comenzó una etapa de supervivencia, enfócate.
- La prudencia es clave.
- La paciencia es necesaria.
- La ilusión es pasajera.
- La esperanza es eterna.

Abril 2025

- Agradece cada ganancia.
- Estamos en un periodo del mercado en que los traders se dividen en dos: los que se espantan y se detienen y los que aprenden, ajustan y siguen adelante.
- Prepárate mentalmente para lo que pueda ocurrir.
- La paciencia no es opcional en el trading.
- La competencia es contigo mismo.
- No sigas a las masas.
- Confía en tu análisis, hay cosas que se sienten.
- Respira antes de apretar el botón.
- Se fiel a tu sector de precio.
- No confundas ambición con avaricia.
- Crea tu propia definición de éxito en el trading.

Mayo 2025

- La queja no soluciona nada.
- Solo cuando hay una mente clara se pueden tomar decisiones rápidas.
- El trading se construye.

- La disciplina se cultiva diariamente.
- Sigue más el VWAP y la media de 200.
- La frustración es parte del proceso.

Junio 2025

- Practica más con la vela de 5 minutos.
- Las noticias están perdiendo su relevancia.
- El mercado no espera a nadie.
- La rutina en el trading es buena aliada.
- Hay días que solo toca esperar.
- Cuando termines temprano decide si entras nuevamente porque hay una oportunidad o porque no sabes qué hacer con tu tiempo.

Julio 2025

- En compañías de menos de $1 dólar no puedes distraerte, todo puede cambiar para bien o para mal.
- La práctica te ayuda a encontrar errores.
- Frena la avaricia.
- Toma ganancia y agradece.
- Cree cuando el dinero llega en segundos.
- Todo puede pasar en el último minuto.

- No trates de controlar el movimiento del mercado.
- Sigue y enfócate.
- No tienes control del mercado. Acéptalo.

Agosto 2025

- Haz paz con la incertidumbre.
- La práctica da confianza.
- El riesgo es inevitable, acéptalo.
- No hay secretos, hay herramientas. Las mejores son las de Primero Trader.
- Confía en Polo AI.

Septiembre 2025

- Después de una pérdida toma un descanso, respira y vuelve a buscar otra oportunidad.
- No te aferres a lo que pudo ser.
- Entiende que lo que funciona hoy, quizá no funcione la próxima semana.
- Ir en contra de la corriente puede ser riesgoso.
- Otorgarle unos minutos de tranquilidad a la mente da claridad al tomar decisiones.
- Sigue, hay mucho que aprender…

Para estar en contacto con la autora escribe a:

✉ lauraevelia@primerotrader.com

www.lauraevelia.com

Sigue en comunicación en:

Laura Evelia

Made in the USA
Monee, IL
05 November 2026

68020975R00121